国家自然科学基金项目（31460195 和 31660236）
西南林业大学山地农村清洁小流域建设省创新团队
资助出版

阿克苏河流域灌溉水资源
调控配置研究

张　超　张　辉　刘新华　孙晓雷　李治龙　著

科学出版社

内 容 简 介

　　本书介绍了当前国内外水科学领域的学术研究进展,在对新疆阿克苏河流域进行现状分析和系统诊断的基础上,分别从阿克苏灌区土地利用变化及预测分析、土地利用空间配置优化、流域 SWAT(soil and water assessment tool,水文评价模型)径流模拟、水资源供需平衡分析、灌溉水资源空间配置优化等五个方面开展研究,为阿克苏灌区水资源的科学、高效管理提供决策支持,亦为今后流域灌溉水资源的精准调控技术研究提供成功案例和方法借鉴。

　　本书可供从事水资源管理的工作人员和水资源研究的相关科技人员参考。

图书在版编目(CIP)数据

阿克苏河流域灌溉水资源调控配置研究 / 张超等著. — 北京:科学出版社,
2019.4
　ISBN 978-7-03-061040-9

　Ⅰ.①阿…　Ⅱ.①张…　Ⅲ.①灌区-土地利用-研究-阿克苏地区 ②灌区-水资源管理-研究-阿克苏地区　Ⅳ.①F321.1 ②TV213.4

　中国版本图书馆 CIP 数据核字 (2019) 第 070724 号

责任编辑:张　展　孟　锐 / 责任校对:彭　映
责任印制:罗　科 / 封面设计:墨创文化

科学出版社 出版
北京东黄城根北街16号
邮政编码:100717
http://www.sciencep.com

成都锦瑞印刷有限责任公司 印刷
科学出版社发行　各地新华书店经销
＊

2019 年 4 月第　一　版　　开本:B5(720×1000)
2019 年 4 月第一次印刷　印张:9
字数:184 000

定价:90.00 元
(如有印装质量问题,我社负责调换)

前　言

　　近年来，土地利用已经成为研究全球变化的热点和前沿问题，与人口增长、资源短缺、生态与环境恶化等一系列可持续发展问题紧密相关，而土地利用变化的多成因性及结构的复杂性决定了土地利用变化研究的必要性。系统研究土地利用变化的机制、过程及驱动因素，对解决区域人口、资源和环境等问题具有重要意义。对区域土地利用状况的了解和掌握，有助于更合理地规划和管理土地用途及布局，避免乱占、滥用和资源浪费等现象，为区域土地资源的有效利用提供保障；耕地、园地和建设用地等各种土地利用类型的面积和组成结构，可在一定程度上反映区域社会经济产业结构的发展特点及方向；了解和掌握区域土地利用结构、数量的动态变化特征，可为引导区域经济产业结构调整、促进产业间相互协调和健康发展提供科学依据。

　　在全球变化背景下，伴随社会经济的快速发展，我国很多地区的土地利用已发生了根本变化，这些变化影响了区域表层原始的自然现象和生态过程，由此带来的复杂的生态环境后果可能阻碍区域和全球的可持续发展。几十年来，塔里木河流域阿克苏灌区土地利用类型发生了较大变化，耕地、园地、河流等是关系最密切、变化最活跃的土地利用类型。随着开荒等土地利用行为加剧以及区域经济水平的高速发展，这些因素极大影响和改变着阿克苏灌区生态系统的健康水平和生态安全状况，影响着塔里木河流域水资源的再分配，对区域资源、生态和社会经济的协调发展提出了极大挑战。因此，针对塔里木河流域阿克苏灌区土地利用/土地覆盖演变规律和驱动机制，以河流、耕地、园地复合系统为重点研究对象，探讨区域土地利用景观格局变化规律以及对水资源的影响机制，定量分析景观格局演变和区域生态环境的响应机理，对实现区域土地资源优化配置与生态系统良性循环的双赢、指导流域水资源再分配、化解灌区灌溉水资源分配矛盾、促进区域社会经济可持续发展具有重要理论和现实意义。

　　利用先进的遥感和地理信息技术，建设一套针对流域灌区土地覆被变化的遥感监测和方法技术体系，对阿克苏灌区水利工程和下游乡镇防洪和灌溉意义重大，在促进阿克苏灌区当地经济发展中将发挥重大作用。配合建立水雨情监测系统，可进一步发挥阿克苏灌区应有的社会效益和经济效益，为阿克苏灌区水利工程及河道管理提供现代化管理手段，提高管理质量和水平，保障地区生态安全，及时掌握运行状态等各方面参数，为水利安全分析、数据管理和调度决策等提供可靠依据，是促进阿克苏灌区经济快速发展的有利保障。利用高清卫星遥感影像，通过遥感本底调查，准确获取灌区实际灌溉面积及分布，可为严格的水资源管理措施的实施提供必需的基础数据；通过对时间序列上各年度、生长季中耕地农作物的生长特征分析，有助于加强灌区白地冬春灌水和灌区农田灌溉动态监测，为化解灌溉用水矛盾提供科学依据。

在阿克苏河流域径流量变化和社会经济快速发展的背景下，利用遥感和地理信息技术，在宏观尺度上系统研究长时间序列阿克苏灌区土地利用的动态变化，了解和掌握灌区主要种植结构的组成、分布及变化趋势，对于实现灌区土地利用格局优化、制定科学的水资源管理决策、缓解水资源供需矛盾具有深远意义。当前，阿克苏灌区在水资源管理工作中仍存在水资源无序开发利用严重、水资源供需矛盾突出、水资源利用效率偏低、水资源管理体系不完善等主要问题，缺乏相关基础性的研究工作，仍未能准确掌握灌区的种植结构及空间分布，导致灌溉面积不清、用水效率低下、调控缺乏准确数据支撑等问题的出现。本书分别从土地利用变化及预测分析、土地利用空间配置优化分析、流域径流模拟分析、灌溉水资源供需平衡分析、灌溉水资源空间配置优化分析等方面开展系统研究，本书内容均为作者近年来在相关领域研究工作的总结。

由于著者水平有限，书中难免有不妥之处，敬请读者指正。

目　　录

第1章　绪论 ……………………………………………………………… 1

1.1　研究背景 ………………………………………………………… 1

1.2　国内外研究进展 ………………………………………………… 2

　1.2.1　土地利用变化方面 …………………………………………… 2

　1.2.2　土地利用变化模拟方面 ……………………………………… 4

　1.2.3　土地利用优化方面 …………………………………………… 5

　1.2.4　流域径流模拟方面 …………………………………………… 7

　1.2.5　水资源需求预测方面 ………………………………………… 9

　1.2.6　水资源优化配置方面 ………………………………………… 10

1.3　主要研究内容 …………………………………………………… 11

第2章　阿克苏河流域概况 …………………………………………… 13

2.1　自然概况 ………………………………………………………… 13

　2.1.1　地理位置 ……………………………………………………… 13

　2.1.2　地形地貌 ……………………………………………………… 13

　2.1.3　气候条件 ……………………………………………………… 13

　2.1.4　河流水系 ……………………………………………………… 16

2.2　社会经济简况 …………………………………………………… 18

　2.2.1　乌什县 ………………………………………………………… 18

　2.2.2　温宿县 ………………………………………………………… 19

　2.2.3　阿克苏市 ……………………………………………………… 19

　2.2.4　阿瓦提县 ……………………………………………………… 19

　2.2.5　柯坪县 ………………………………………………………… 20

　2.2.6　阿合奇县 ……………………………………………………… 20

第3章　阿克苏灌区土地利用变化及预测分析 ……………………… 21

3.1　研究方法 ………………………………………………………… 21

　3.1.1　土地利用动态变化模型 ……………………………………… 21

　3.1.2　土地利用变化驱动力分析模型 ……………………………… 23

　3.1.3　土地利用变化模拟模型 ……………………………………… 24

3.2　数据收集与处理 ···25

　　3.2.1　数据收集 ···25

　　3.2.2　遥感数据预处理 ···25

　　3.2.3　遥感信息提取 ···26

3.3　结果与分析···29

　　3.3.1　土地利用时空差异性分析 ······························29

　　3.3.2　土地利用变化驱动力分析 ······························34

　　3.3.3　土地利用变化预测分析 ···································42

3.4　小结 ··45

第4章　阿克苏灌区土地利用空间配置优化 ·····················47

4.1　研究方法 ··48

　　4.1.1　优化过程···48

　　4.1.2　更新策略···49

　　4.1.3　适应度函数 ···49

　　4.1.4　生态系统服务价值计算 ···································49

4.2　数据收集与处理···53

　　4.2.1　获取空间数据 ···54

　　4.2.2　确定优化模型参数 ···54

　　4.2.3　种群初始化···54

　　4.2.4　排序分组及族群内局部优化 ··························54

　　4.2.5　全局优化···55

　　4.2.6　约束条件···55

4.3　结果与分析···55

　　4.3.1　基于基本算法的优化配置 ······························55

　　4.3.2　基于改进算法的优化配置 ······························57

4.4　小结 ··61

第5章　阿克苏河流域 SWAT 径流模拟 ·····························63

5.1　研究方法 ··63

　　5.1.1　SWAT 模型原理与构架 ···································63

　　5.1.2　研究步骤···68

5.2　数据收集与处理···69

　　5.2.1　DEM 数据 ··70

　　5.2.2　土地利用数据 ···70

    5.2.3 土壤数据 ·· 71

    5.2.4 气象数据 ·· 76

  5.3 结果与分析 ·· 78

    5.3.1 阿克苏河流域 SWAT 径流模拟 ····················· 78

    5.3.2 考虑气候变化情景的径流模拟 ····················· 85

  5.4 小结 ··· 90

第 6 章 阿克苏灌区水资源供需平衡分析 ···················· 92

  6.1 农业种植结构 ··· 92

    6.1.1 乌什县种植结构变化 ····························· 92

    6.1.2 温宿县种植结构变化 ····························· 93

    6.1.3 阿克苏市种植结构变化 ··························· 93

    6.1.4 阿瓦提县种植结构变化 ··························· 94

    6.1.5 阿拉尔市种植结构变化 ··························· 94

    6.1.6 沙雅县种植结构变化 ····························· 95

  6.2 农田灌溉需水量估算 ··································· 95

    6.2.1 灌溉方式及定额 ································· 95

    6.2.2 乌什县灌溉需水 ································· 98

    6.2.3 温宿县灌溉需水 ································· 99

    6.2.4 阿克苏市灌溉需水 ······························ 99

    6.2.5 阿瓦提县灌溉需水 ······························ 99

    6.2.6 阿拉尔市灌溉需水 ······························ 100

    6.2.7 沙雅县灌溉需水 ································· 100

  6.3 灌溉水来水估算 ······································ 101

    6.3.1 大河来水 ······································ 101

    6.3.2 机电井水 ······································ 102

    6.3.3 降水 ·· 103

    6.3.4 区间山洪与泉水 ································· 103

  6.4 阿克苏灌区现状年供需水量平衡分析 ···················· 103

  6.5 小结 ··· 105

第 7 章 阿克苏灌区灌溉水资源空间配置优化 ················ 107

  7.1 研究方法 ··· 107

    7.1.1 作物需水量估算方法 ····························· 107

    7.1.2 水资源承载力分析方法 ··························· 107

7.1.3　水资源需求预测方法 ··· 108

7.1.4　灌溉水资源优化配置方法 ··· 108

7.2　结果分析 ··· 110

7.2.1　阿克苏灌区需水预测分析 ··· 110

7.2.2　灌溉水资源承载力评价 ··· 115

7.2.3　作物灌溉水量的优化配置 ··· 119

7.2.4　作物种植面积的优化配置 ··· 126

7.3　小结 ··· 128

参考文献 ··· 130

第1章 绪 论

1.1 研 究 背 景

我国新疆维吾尔自治区地处欧亚大陆深处,年均降水量少,仅为200mm左右,年均蒸发量则高达2000～3000mm,是我国最为干旱和缺水的地区之一。该区域耕地的灌溉水资源单位面积占有量仅为全国平均水平的1/10。在新疆的生态建设、人民生活和工农业发展领域中,水是最宝贵的自然资源,水资源的供需矛盾是该区域急需解决的主要问题。新疆大部分土地被沙漠覆盖,共有河流570余条,各河流的径流量相差悬殊,且均为内流河,大部分河流的流程较短。据统计,新疆地表径流总量约为$8.84 \times 10^{10} \mathrm{m}^3$,已探明的地下水可开采量约为$2.52 \times 10^{10} \mathrm{m}^3$,新疆人均水量约为全国人均水量的2倍多,位居全国第4位,因此新疆潜藏着丰富的水资源。但新疆地域辽阔,每平方千米土地的水资源量仅为$4.8 \times 10^8 \mathrm{m}^3$,位居全国倒数第3位。对于水资源时空分布极不均匀、下渗和蒸发量巨大、降水量少、生态脆弱的新疆来说,水资源供给的确是非常紧张的。全区用于农业灌溉的水量占总用水量的95%以上,且现行的灌溉定额普遍偏高,多数地区灌溉水利用效率低下。全区平均综合毛灌溉定额约为$10485 \mathrm{m}^3 / \mathrm{hm}^2$,渠系水利用系数仅为0.5,同时个别地区灌溉方式仍较粗放,"水多则多灌,水少则少灌"的现象较为普遍,各环节灌溉水资源浪费较为严重。

当前,我国大多数地区对水资源的调配均遵循基于自然配置的模式(王顺久等,2002),缺乏人为和制度的高效管理。例如,位于河流上游地区的水资源较为充足,上游任意取水,用水浪费,导致下游地区河流出现断流,无水可用。无序化的水资源管理使整个流域水资源供需矛盾加剧,有限的水资源得不到合理的分配和利用。灌溉水资源在渠系和作物/植被各生育期的配置技术亦不完善。例如,当前阿克苏河流域实行基于大河来水量的供水限额管理,即按照当年大河来水的情况,制定各分灌区的供水限额指标,不再单独配置。这种方式的弊端是不能在各渠系间进行合理调控,作物需水量多时不能及时供水,作物需水量少时又供应过剩。同时,针对农业灌溉水资源配置技术的研究仍不够深入和系统,在灌溉水资源时空配置技术方面虽已有较为成熟和公认的方法,但多数研究仅限于具体数学模型方法的改进和应用范围的探讨,在空间上对灌溉水资源的优化配置研究仍较缺乏。

阿克苏河流域位于天山南麓中段西部、塔克拉玛干沙漠西北边缘,气候干燥、植被稀疏、地表蒸发量大、年降水量少、水源涵养条件差，是我国棉花和特色林果的重要产区，其生产方式以引水灌溉为主。流域内地表径流丰富，但径流量年内分配极不均匀。夏季冰雪融化，径流量极大，为汛期；冬季河流冻结，为枯水期。在气候变化影响流域径流量变化和社会经济快速发展的背景下，阿克苏河流域耕地、园地面积迅速扩张，作物林和经济林的需水空间发生了较大变化。随着开荒等土地利用行为以及区域经济水平的快速发展，这些因素极大影响和改变着阿克苏灌区的生态安全状况和生态系统的健康水平，影响着塔里木河流域水资源的二次分配，对区域资源、生态和农业可持续发展提出了极大挑战（贺兴宏 等，2011；雍会，2011）。当前，阿克苏灌区在水资源管理工作中仍存在水资源无序开发利用严重、水资源供需矛盾突出、水资源利用效率低下、水资源管理体系不完善等问题，缺乏相关基础性的研究工作，仍未能准确掌握灌区的种植结构及空间分布（王志成 等，2017a；张辉 等，2016）。

针对上述问题，借助 3S 技术（遥感技术、全球卫星定位系统和地理信息系统）和相关数学理论，建立不同时期塔里木河流域阿克苏灌区耕地种植结构基础地理空间数据库，套用现行灌溉定额指标，准确估算阿克苏灌区各时期的灌溉需水量，分析灌区农业用水供需平衡的现状，预测未来各部门的需水情况，探讨灌区目前水资源承载力现状，建立灌溉水资源的空间优化配置模型和种植结构优化模型，对于化解阿克苏灌区灌溉用水矛盾，实现各分灌区之间、工业与农业之间、人民生活与生态环境保护之间的协调发展，促进区域社会和经济的可持续发展具有重要的实践意义。

1.2　国内外研究进展

1.2.1　土地利用变化方面

20 世纪 90 年代，在 IGBP（International Geosphere-Biosphere Program，国际地圈生物圈计划）和 IHDP（International Human Dimensions Programme on Global Environmental Change，国际全球环境变化人文因素计划）将"土地利用/土地覆被变化"列为全球环境变化研究的重要领域后，李秀彬（1996）针对土地利用/土地覆被变化领域的国际研究动向归纳了土地利用/土地覆被变化领域的研究热点。随后，王秀兰等（1999）基于 1996 年召开的土地利用/土地覆被变化国际会议上提出的 LUCC（land-use and land-cover change，土地利用/土地覆被变化）领域"五个框架问题"和"三个研究焦点"，概括了土地利用变化的研究方法，重点介绍了几种土地利用动态变化研究模型，为之后 LUCC 领域的研究提供了重要借鉴。构建土地利用变化分析模型是了解土地利用变化过程和发展趋势的重要手段，进入 21

世纪后，多种土地利用动态变化分析模型的构建对土地利用/土地覆盖变化的研究起到积极推动作用。

在土地资源数量变化研究方面，王宗明等(2004)和刘纪远等(2014)在其研究中使用土地利用动态度作为核心参数，对区域土地利用动态变化进行了定量分析。该模型简单易用，便于定量描述土地利用变化的速度，对预测未来土地利用变化趋势具有积极作用；但是该模型只关注某种地类数量变化的结果，对其变化过程的考虑欠佳，若遇某种地类的转入和转出面积相等时，其总面积保持不变，该模型就无法准确描述了(刘盛和　等，2002)。土地利用变化转移概率矩阵是一种常见的土地资源数量变化研究方法，史利江等(2012)使用土地利用动态度和综合土地利用动态度结合土地利用变化转移概率矩阵，对上海市土地利用时空变化总体特征和区域特征进行了分析。杨依天等(2013)使用土地利用动态度、土地利用转移概率矩阵对和田绿洲的土地资源数量变化进行了分析，并使用土地利用程度综合指数、土地利用结构信息熵和均衡度多项参数分别对近三十年来新疆和田绿洲的土地利用总体变化和系统稳定性等多个方面进行了定量描述。

在土地利用空间变化模型研究方面，刘盛和等(2002)从土地利用变化的空间含义出发，在对动态度模型进行修正的基础上，提出了综合考虑土地利用动态变化转移速率和新增速率的空间分析测算模型，并成功应用于北京城市边缘区土地利用变化研究中。同时期，有学者提出使用监测土地资源质心移动的方法来描述土地利用的空间变化。王秀兰等(1999)归纳的土地利用变化研究方法中提到使用斑块重心来反映土地利用空间变化的研究思路。进入 21 世纪以来，杨依天等(2013)在关于和田绿洲土地利用变化的研究中，通过分析土地利用类型的质心转移，提出了和田绿洲各土地利用类型的空间移动规律及其空间耦合关系。

在土地利用变化驱动力分析方面，早期分析多采用定性及概念模型的方法(何英彬　等，2013)。顾朝林在关于北京市土地利用变化的研究中，采用定性分析方法，从资本、土地、劳动力和技术四个方面探讨了城市土地利用/土地覆被变化机制。何书金(2002)在对环渤海地区耕地变化的研究中定性分析了人口增长、城市化、工矿业和交通运输业发展、农业结构调整、退耕及灾毁、土地整理开发与复垦以及土地政策和管理体制等相关因素对该地区耕地面积变化的影响机制。谭少华等(2005)在区域土地利用变化驱动力的相关研究中提出了一种借助层次分析法加强成因分析的定性分析方法，以排除或降低不合理驱动因素的影响。随着数量统计方法在土地利用变化驱动力分析中的广泛应用，驱动力分析目前以统计方法为主。张云鹏等(2012)成功地将典型相关分析法和空间格网化 Logistic 回归分析方法应用于常州市新北区不同空间尺度的土地利用变化驱动力定量研究中。谢花林等(2008)在对不同土地利用变化过程的驱动因素研究中采用了 Logistic 回归模型。张勃和王晨野分别使用了相关分析法和回归分析法进行土地利用变化的驱动力分析。由于某些驱动因素(如国家土地政策等)无法量化，在驱动力分析中定性与定量相结合的方法亦是目前土地利用变化驱动力分析较为常用的方法，王宗明等(2004)、史利江等(2012)和马晴等分别在相关研究中对政策因素的驱动机制进行了定量分析。

1.2.2　土地利用变化模拟方面

土地利用变化模拟实质是通过研究各种土地利用变化驱动因素的相互作用机制，利用得出的规律分析未来某一时期的土地利用状况，至今已有诸多土地利用变化模拟模型被先后提出和广泛应用。

系统动力学(system dynamics，SD)模型是一种建立在控制论、系统论和信息论基础上，以研究反馈系统结构、功能和动态行为基本特征的定量方法。秦钟等(2009)和汤发树等(2007)先后成功使用系统动力学模型对不同研究区未来土地利用变化进行了模拟和预测，取得了良好的拟合效果。

Markov(马尔可夫)模型是在马尔可夫过程的假设前提下，通过分析现有数据的变化规律预测变量未来变化情况的一种预测模型，其在土地利用需求量预测模拟方面已有较多尝试。刘孝国等(2012)进行了 Markov 模型在未来土地利用需求量模拟方面的研究。雷师等(2013)使用 Markov 链分别对长沙市和泉州市 2015 年和 2020 年土地利用变化趋势进行了模拟，并使用土地利用综合指数对比分析了两个城市的土地利用数量差异和程度差异，成功探索了 Markov 链在跨区域城市土地利用变化方面的应用。Markov 模型主要侧重于土地利用变化速率、变化概率的分析及对未来土地利用需求量的预测模拟，实质上是对变化趋势研究的一种延伸，缺乏对空间变化模拟的能力，需要与其他具有空间变化模拟能力的模型结合使用。

土地利用变化与效应(the conversion of land use and its effects，CLUE)模型是20 世纪末由荷兰瓦格宁根大学(Wageningen University)的 Verburg 研制开发的土地利用变化及效应分析模型，常用于大尺度宏观土地利用变化研究，所模拟的单元土地利用特征用每个格网土地利用类型的相对比例进行表达，主要用于发现热点区域，郭延凤等(2012)采用 CLUE 模型对江西省 2001~2030 年土地利用的空间分布开展了模拟研究。后期的 CLUE-S 模型是对 CLUE 模型的改进，可基于高分辨率空间数据对小尺度土地利用空间变化进行模拟，将每个栅格直接以土地利用类型表示，具有良好的空间模拟能力。CLUE-S 模型假设一个地区的土地利用变化受土地利用需求驱动，并且一个地区的土地利用分布格局总是与土地需求、该地区的社会经济状况和自然环境处在动态平衡之中，以此为基础，结合系统论方法，处理不同土地利用类型间的竞争关系，从而实现对不同土地利用变化的同步模拟。张丽娟等(2011)使用 CLUE-S 模型模拟了哈大齐工业走廊 2005 年各县市的土地利用状况。蔡玉梅对邯郸地区土地利用变化的研究表明，CLUE-S 模型可较好地模拟小尺度区域的近期土地利用变化情景。

不同模型具有各自的优缺点，因而关于结合两种或多种模型的优势构建综合模型的探讨越来越多。例如，系统动力学模型与元胞自动机模型的结合、元胞自动机模型与马尔可夫链模型的结合、人工智能技术（如神经网络、蚁群算法）与元胞自动机模型的结合等，均取得了理想的模拟效果。何春阳从宏观土地需求总量和微观土地供给平衡的角度出发，同时考虑土地利用变化的宏观驱动因素和微观格局演化的复杂性，提出了土地利用情景变化动力学（land use scenarios dynamics，LUSD）模型，准确模拟了我国北方 13 省未来 20 年土地供给的空间分配。杨俊在分析各种现有土地利用变化模拟模型的基础上，采用 CA-Markov 模型对大连经济技术开发区进行了未来土地利用动态模拟。黎夏等（2005）以 1988 年和 1993 年东莞市的城市发展数据和 7 种空间变量，对提出的三层神经网络模型进行训练，得到各项参数后模拟了 1993 年东莞市城市发展过程，分别将模拟结果和使用 Logistic 回归方法对 CA（cellular automata，元胞自动机）模型校正的模拟结果与真实情况进行对比，结果表明，使用神经网络-元胞自动机（artificial neural network-cellular automata，ANN-CA）模型模拟结果不仅整体布局与现实情况接近，且模拟精度优于 Logistic-CA 模型。黎夏等（2005）随后将 ANN-CA 模型应用于东莞市土地利用变化研究中，通过将空间变量个数由 7 个增至 12 个、训练样本点增至 3000 个、输出神经元由 1 个增至 6 个，首先对研究区 1993 年的 6 种土地利用类型变化过程进行了模拟，在使用实际数据进行精度检验满足要求之后，又对该地区 2005 年土地利用情况进行了模拟，验证了 ANN-CA 模型在模拟拥有多地类变化的土地利用变化过程中的适用性和能力。

土地利用变化模拟模型经历了由单一模型到复合模型的发展过程，随着人工智能算法的引入，多因素影响下的土地利用变化转换规则的获取亦出现了新途径，模拟精度高；然而，人工智能算法参数众多，不同地区参数设置有所差异，在不同研究尺度上差异显著。

1.2.3　土地利用优化方面

土地利用优化配置是针对区域土地利用现状中存在的问题或为达到期望的目标而进行优化的动态、渐进发展的过程（刘彦随，1999），既包括配置过程，又包括优化过程，存在多种模式并通过不同的约束条件加以实现。

在理论研究方面，作为土地利用优化配置基础的土地评价研究，早在 20 世纪 50 年代，许多欧洲的土壤学家即开展了土地评价方面的研究。1976 年，联合国粮食及农业组织（Food and Agriculture Organization of the United Nations，FAO）在其颁布的《土地评价纲要》中提出了土地评价的原则与概念，为土地利用评价奠定了重要的理论基础。至 20 世纪 80 年代，随着可持续发展概念的提出，实现土地资源的科学管理与可持续利用逐渐成为世界各国共同关注的目标，而土地利用结构优化作为区域可持续发展的重要途径和手段亦逐渐受到重视。20世纪80年代后期至90年代，我国的土地评价研究逐渐趋于成熟，早期倪绍祥曾对土地评价的类别、原则以及评价方法进行过系统论述，之后，其他学者开展了有益的探索和尝试。刘彦随通过前期研究，在深入探讨土地利用系统层次结构的基础上，对土地利用系统优化的原理和目标进行了阐述，总结了土地利用系统优化中效益主导型模式、持续协调型模式、主体互动型模式和适宜匹配型模式共4种常见模式，并指出土地利用配置最终要实现经济、社会和生态效益的目标，但并不是这几种目标间的均衡或同时实现目标最大化，而只能根据具体情况选择一种主导性目标，结合可持续发展思想对土地利用可持续性评价流程模式进行详细论述，为之后的研究奠定了理论基础。

在土地利用结构优化研究方面，目前较为成熟的研究方法主要有：线性规划、单目标规划、多目标规划、系统动力学模型和一些基础模型的集成优化模型。20世纪70年代中期，诸多学者将线性规划理论引入土地利用研究中。Charnes最早将线性规划方法应用于土地利用规划研究。Dokmeci首次提出土地利用规划的多目标性，并应用多目标线性规划进行土地利用空间配置研究，随后Huizing将其应用于土地利用结构优化配置研究中。在国内，吴淑梅在对采煤塌陷地用地结构的优化研究中采用了线性规划法。赵小敏选取系统动力学模型，通过对土地利用系统进行动态模拟，确定了土地利用优化方案。冯国强利用集成系统动力学模型与线性规划优化模型的方法，编制了市级土地利用总体规划方案。刘荣霞比较了现有土地利用优化模型的优势与局限，提出基于多目标决策分析方法构建目标函数和约束方程，获得的土地利用优化配置方案具有重要理论指导意义。土地利用结构优化不仅是数量方面的优化，亦应该包括空间结构的优化。罗鼎等(2009)全面介绍了土地资源优化配置和土地利用空间优化的概念，分析了国内外研究土地利用空间布局理论和方法，从多角度阐述了土地利用空间优化配置的研究前沿。钱敏等(2010)全面分析了土地利用结构优化模型的构建方法，对基于数理模型和适宜性评价的优化模型与基于CA演化的优化模型的建模步骤进行了对比分析，指出基于CA演化的土地利用结构优化耦合模型对土地利用复杂系统具有更强的表达能力。

近年来，随着人工智能算法的成熟以及在土地利用研究领域的广泛应用，基于蚁群算法、遗传算法、粒子群算法和混合蛙跳算法的智能优化模型逐渐成为研究热点。高小永采用多目标蚁群算法与GIS(geographic information system，地理信息系统)集成的方式构建了多目标土地利用优化配置模型，利用该模型提出了城市土地利用优化方案，验证了该耦合模型的可行性。刘朝松通过构建土地利用空间优化配置的多目标函数和约束条件，实现了基于多目标粒子群算法的土地利用空间优化配置模型，对青海省平安县2013年土地利用空间结构进行了优化，在此基础上，马世发利用粒子群算法建立了城镇土地利用优化模型。傅强等(2012)建立了智能体模型，对青岛市生态环境进行了评价与优化。郭小燕等(2016)针对传统土地优化模型土地利用数量结构与空间结构相统一的问题，在分析现有智能优化算法的基础上，构建了以混合蛙跳算法为核心的优化模型，以生态系统服务价值和土地分布格局紧凑度最优为目标，对兰州市土地利用结构进行了优化，并与基于粒子群算法的优化模型进行了效率对比，结果表明，该模型在求解空间优化问题时具有更大优势。

1.2.4　流域径流模拟方面

流域水文模型是用某种特殊的表达方式对现实中复杂的水文过程进行定量刻画，进而衡量未来生态水文循环过程是否稳定。在科学理论日益完善和科技水平不断提高的背景下，流域水文模型经历着由最开始的集总式概念型向基于物理学的分布式过渡的阶段(王中根 等，2003)。相对于集总式概念模型而言，基于物理学的分布式水文模型将气候等下垫面因素在空间的不同分布状况可能引起产流发生变化的影响考虑在内，使得模拟结果更加精确，在研究维持水资源平衡及综合管理方面已取得了令人满意的成果。目前，国际上典型的分布式水文模型有：TOPMODEL(top graphy based hydrological model)、SHE(system hydrologic european)、SWAT、IHDM(institute of hydrology distributed model)、VIC(variable infiltration capacity)和 DHSVM(distributed hydrology soil vegetation model)等。TOPMODEL 模型结构单一、灵活性差，对输入要素考虑欠缺，在某种程度上属准分布式水文模型；SHE 模型构建过程较为灵活，但要求用户熟练掌握相应的程序算法，普通用户不能轻松使用；DHSVM 模型和 VIC 模型为单向耦合模型，不具备特定的参数提取功能，需借助相关专业软件，要求用户同时熟悉模型和相关软件方面的技能，专业性要求较高。SWAT 模型为植被-水文交互模拟的双耦合模型，描述虽缺乏机理性(Kiniry et al.，2008)，但由于该模型与 GIS 集成使平台工作的用户界面简单友好，空间数据处理能力得到提升，所需输入的基础数据基本均可获得，在数据资料缺乏的地区模型亦有较好的适用性。SWAT 模型一经推出即得到了各领域的普遍认可，是目前大多数分布式水文模型中具代表性的、发展前景较为广阔的模型。

流域径流模拟是用模拟的方法研究流域水资源问题的基础环节，亦是 SWAT模型应用中关键、热门的研究方向。Arnold 等(1999)通过对美国不同类型的地区、不同尺度的流域进行试验，提出 SWAT 模型可以理想估测流域的生态水文径流。Srinivasan 等(1998)基于 DEM(digital elevation model，数字高程模型)、土地利用、土壤类型和气象观测数据等资料，模拟预测了美国境内多个子流域的水文径流，取得理想的模拟效果。Bingner 认为 SWAT 模型在长时间序列水文过程模拟方面具有较大优势，但不能较好地模拟森林地区的水文循环过程。Chanasyk 将 SWAT

模型应用于加拿大 Alberta 南部流域，研究了无放牧或控制放牧、重度放牧和过度放牧 3 种不同强度模型对流域径流量的影响，提出 SWAT 模型可在该地区模拟径流并取得理想的效果。Berhara 选择印度 Midnapore 流域为研究区，在最优管理措施（best management practice，BMP）基础上利用 SWAT 模型对日径流量进行了估算模拟，效果理想。李硕利用 SWAT 模型模拟预测了潵水河流域 4 个空间尺度上的径流水平，比较了不同空间尺度上的径流模拟结果，提出流域的水文径流对空间尺度变化的敏感程度较弱。庞靖鹏等（2010）选择密云水库为研究区，通过 SWAT 模型估测了 20 世纪 90 年代不同土地利用状况下的水文径流，证明土地利用变化能够引起径流发生较大变化，SWAT 模型在该流域具有理想的模拟效果。郝芳华等（2006）基于 SWAT 模型对黄河流域卢氏水文站的部分区域模拟了径流量，发现相对误差小于 15%，相关系数 R^2 和纳什效率系数（Nosh-Sutcliffe efficiency coefficient，NSE）均高于 0.70，验证了模型对该地区水文过程模拟适用性良好。

　　需要注意的是，流域的径流变化对环境变化的敏感度较高，其中土地利用和气候变化因素对水文响应的平衡起主导作用（郭军庭 等，2014）。气候变化对生态水文的响应通过气象数据表达，土地利用引起水文过程的失衡主要是由于各种土地利用类型面积的变化。Weber 等（2001）通过研究得出流域的水文径流量分别与草地和林地面积成正相关和负相关性，随着草地面积的减少而减少、林地面积的减少而增加。Stonefelt 等（2000）提出流域径流的水量平衡对气候变化中气象数据的变化敏感程度最为强烈，其中，降水量和气温分别对年产水量和径流的时间分配影响最为显著。Ficklin 在加利福尼亚州 San Joaquin 流域综合对比了不同气候变化情景下的径流量变化，提出 CO_2 浓度和气温的变化对径流的蒸散发量影响最为显著。刘昌明等（2005）选择黄河河源区为研究区，通过 SWAT 模型探讨了土地利用和气候变化两种不同因素下的动态水文响应机制，认为气候因素是促使研究区水量变化的主导因素。朱利指出气候变化中降水量变化对径流预测值的影响较气温更为显著，径流量分别与降水量和气温之间表现为正相关和负相关性。陈军锋在梭磨河流域通过 SWAT 模型估算了该地区的径流量，得出气候因子的变化对径流量的影响程度大于土地利用变化。刘卉芳（2010）在黄土高原小流域通过不同尺度对径流泥沙含量进行模拟预测，提出降水量对促使水文径流产生变化的贡献率较土地利用大。李道峰通过 SWAT 模型探讨了黄河河源区土地利用和气候变化对水文径流的影响作用，提出区域径流量与植被覆盖度和气温成反比，与降水量成正比。

　　SWAT 模型起初多用于降水量充足的湿润、半湿润平原地区，具有较理想的模型适用性（党素珍 等，2012；余文君 等，2013）。随后，国内外学者逐渐向降水量稀少、以融雪作为径流主要补给的高海拔地区拓展延伸，相关研究取得了丰硕成果。Ahlrs 以冰雪融水作为径流主要补给的美国 Montana 流域中部的高海拔地区为研究对象，选取 SWAT 模型进行水文径流过程模拟，取得了较好的拟合效果。

Fontaine 利用完善的融雪模块 SWAT 模型，以高程带来预测气温和降水量，并融入积雪、融雪温度及覆盖率等因素，提高了 SWAT 模型在研究区模拟预测径流的精度。赖正清等(2013)利用 SWAT 模型对产流、汇流及融雪参数进行了有效率定，较好地模拟了黑河上游的生态水文径流循环过程，并通过改进模型中的地下水下渗过程，提高了对黑河中游径流过程模拟结果的准确性。李慧(2010)利用 SWAT 模型模拟估算了玛纳斯河流域出水口日径流量，结果表明 SCS(soilconservation service，径流曲线法)、积雪温度滞后因子和基流消退因子等参数对模拟结果有较大影响，但通过良好的率定，模型在该地区得以成功运用。郝振纯等(2013)在黄河源区采用 SWAT 模型预测了水文径流量，提出地形对径流模拟结果准确性的干扰程度大于融雪，对融雪参数和地形参数进行设置可提高模拟精度。黄清华等(2004)选择黑河高海拔山区为研究区，利用 SWAT 模型估测了流域生态水文径流，得到较为理想的效果，并提出融雪参数和地下径流参数是引起模型输出结果存在误差的主导因素。

1.2.5　水资源需求预测方面

西方发达国家早在 20 世纪 60 年代就开始关注国民经济中各个部门的需水量预测。1956 年，美国对其水资源数量和质量做出评价，展望了未来美国本土水资源可能出现的问题，较为准确地预测了需水量(Maass et al.，1962)。日本自 20 世纪 60 年代起每期国土规划均以水量预测为依据，并在 1983 年和 1984 年完成了对 21 世纪的用水量预测及水资源开发利用保护工作。20 世纪 70 年代至 21 世纪初期，苏格兰先后进行了 3 次水资源规划，在规划中进行了需水量预测(Haimes et al.，1975)。

近年来，诸多专家和学者在水量预测方法及预测模型方面进行了研究和探索，总结出多种水资源预测模型方法。May 将影响城市用水变化的人口、水价和居民收入等考虑进预测模型，建立了用水与各因子间的对数与半对数回归模型，在城市中长期水量预测方面取得了良好效果。Richad 重点考虑气温和降水等气候因素，提出了非线性回归模型。Zhou 针对城市的日用水量预测，建立了时间序列预测模型，预测精度较高。Levi 利用逐步回归模型对城市需水量进行了预测研究，结果表明逐步回归模型所需建模时间相对较少。Joseph 将降水天数、国民经济收入和用水效率作为重点考虑对象，在此基础上建立了 WaterGAP2 用水量预测模型。Hossein(2002)在研究干旱区需水的基础上提出了适用于干旱区的需水预测模型。此外，众多国外学者如 Jain、Gistau、Lindell、Mordechai 和 Olli varis 等亦在需水量预测的研究方面做出了重要贡献(Antle et al.，1991)。

国内学者对于水资源需求预测的研究起步较晚，且目前研究重点主要集中于对各种预测模型的适用性探索方面。目前在水资源的预测研究中广泛应用的模型主要包括：弹性系数预测法、单耗预测法、趋势外推预测法、时间序列模型预测法、回归分析模型预测法、专家系统模型预测法、灰色模型预测法以及分类组合预测和分类预测模型等。以预测步长的时间划分，水资源预测的方法还可分为短期预测、长期预测和当期预测三类。预测方法根据特点可分为直观预测法、时间序列预测法和模拟模型预测法三类。张洪国利用灰色预测模型对哈尔滨年需水量进行了预测。周建华对时间序列分析模型进行了改进，将改进后的模型应用于城市日常需水量的预测中。陈小强用 BP(back propagation)神经网络法建立了铁干里克灌区的需水量预测模型，其结果与测试值相差较小，模拟效果较好。蔺颖将山西省水资源优化问题与山西省多年人文、经济和生态因子相结合，建立了山西省水资源优化配置模型。赵永刚(2011)通过对 BP 神经网络模型、线性回归模型和灰色预测模型对石羊河流域农业需水预测结果的精度检验对比，提出利用组合模型的精度最为理想。

1.2.6　水资源优化配置方面

人类很早就开始注重水资源优化配置的问题，相关理论和方法在近 30 年的发展中日渐成熟。从其特点来看，水资源优化配置主要经历了以需定供的起步阶段、以供定需的转变阶段、基于宏观经济的拓展阶段、协调和持续利用发展的升级阶段及遵循科学发展观的完善阶段；从配置对象的发展历程看，经历了单方面考虑水量的单层优化、综合考虑水质水量的联合优化、结合属性优化和空间尺度的多层次优化等过程。

20 世纪 40 年代，Maass 等(1962)基于水资源分析系统理论，首次提出关于水库优化的调度问题。对于水资源优化配置问题的研究正式开始于 20 世纪 60 年代初(Tennnat，1976)。随后，诸多学者针对资源优化配置问题做了广泛探索。Bayer(1997)采用多目标模拟模型对墨西哥北部进行了水资源优化研究。美国诸多学者利用线性规划模型、动态规划模型和多期线性规划模型，先后对得克萨斯、加利福尼亚、亚利桑那和新墨西哥等地开展了地下水资源优化、种植制度优化和水资源季度分配优化等研究(Bayer，1997)。

国内方面，1949 年后才逐渐出现对水资源的优化配置研究。经过多年探索，尤其是近年来国家对水资源优化配置问题越加重视，我国在对水资源优化配置的研究方面获得了较大进展。1998 年，水利部黄河水利委员会第一次以流域为单元开展了水资源优化配置研究。李小琴(2005)在对黑河流域水资源优化配置研究中提出了求解 LPM(library of parameterized modules，参数化模块库)模型的具体步骤。卢震林(2008)建立了农业水资源优化配置系统模型，采用动态规划逐次渐进法计算了且末县灌区主要作物的配水量。张智韬等(2010)基于蚁群算法建立了冯家山水库北干十一支灌区各斗渠实际需水量的优化模型，得到各出水口最优配水的组合方案。马莉(2011)采用水资源多目标优化配置方法，使用 MATLAB 编程软件调用 fgoalattain 函数，以疏勒河流域综合效益最高为优化目标，对疏勒河流域生活、工业、生态环境和农业用水进行了配置优化研究。张文娜(2014)在对呼图壁河流域 2020 年、2030 年各部门水资源预测分析的基础上，建立了优化配置模型，提出了针对各部门效益最高的 6 种优化方案。潘俊基采用遗传算法构架了社会、经济和生态效益最高的多目标规划模型，对沈阳市区的供水进行了调整优化研究。王永涛以黔中区为研究对象，建立了黔中水利枢纽水资源优化配置模型，该研究成果为黔中区水资源的配置提供了重要参考依据。

1.3　主要研究内容

(1)阿克苏灌区土地利用变化及预测分析。①通过计算阿克苏灌区土地利用动态度、土地利用程度综合指数、土地利用空间变化模型、土地利用类型双向变化率和土地利用面积转移矩阵等指标，从土地利用数量和空间变化两个方面分析阿克苏灌区土地利用变化特征。②综合考虑阿克苏灌区社会经济和自然环境因素，采用 Logistic 回归分析法对影响阿克苏灌区不同土地利用变化过程的驱动因子进行分析，提取在研究时段内阿克苏灌区不同土地利用变化过程的主要驱动力。③以 2006 年、2010 年、2014 年土地利用解译结果为基础，对阿克苏灌区土地利用状况进行定量模拟预测。

(2)阿克苏灌区土地利用空间配置优化。①基于 2006 年、2010 年、2014 年土地利用解译结果，使用改进的混合蛙跳算法，对阿克苏灌区现有土地利用结构进行空间优化。②与基本混合蛙跳算法进行精度比较，找出适合阿克苏灌区土地优化的算法模型并进行应用实践。③基于优化结果与现状以及未来土地利用发展方向的比较，定性提出阿克苏灌区土地资源优化配置建议。

(3)阿克苏河流域 SWAT 径流模拟。①根据 SWAT 模型的输入要求构建阿克苏河流域 DEM、土地利用、土壤类型、水文监测和气象数据。②基于阿克苏灌区 DEM 提取河网水系，将流域划分为多个相同土地利用、土壤类型和坡度级别组合的 HRU(hydrologic research unit，水文响应单元)。③确定模拟的时间区间、径流及潜在蒸散发量模拟方法、河道演算方法，构建在阿克苏河流域适用的径流模拟模型。④利用 SWAT-CUP 判定对流域的径流变化敏感程度较高的参数，校准模型并对其在阿克苏河流域的适用性进行评价。⑤设置不同气候变化情景，初步探讨阿克苏河流域水文过程对气候变化的响应机制。

(4)阿克苏灌区水资源供需平衡分析。①基于阿克苏灌区 5 个时期遥感解译空间数据和现行水资源管理采用的灌溉定额指标，测算并分析不同时期阿克苏灌区主要作物/植被类型灌溉水资源需求的组成结构和动态变化特征。②基于阿克苏灌区多年地表径流水文数据，分析大河来水的水文特征，并根据相关的数据资料分析阿克苏灌区灌溉水资源的组成结构。③定量测算阿克苏灌区多年水资源可利用数量，利用水量平衡法对阿克苏灌区 5 个时期农田灌溉水量和可供水量做出平衡分析与诊断。

(5)阿克苏灌区灌溉水资源空间配置优化。①分析阿克苏灌区各项社会指标的变化趋势，利用灰色预测模型对其发展趋势进行模拟，预测阿克苏灌区未来灌溉需水总量及分布。②选取耕地灌溉率、水资源利用率、农业水资源利用率、地表水资源开发程度、地下水资源开发程度、供水量模数、需水量模数、灌溉用水指标和渠系水利用系数 9 个评价指标，应用数学方法对阿克苏灌区水资源承载力状况进行综合评价。③以各分灌区经济效益和产量为目标，采用多目标线性规划模型，对各分灌区各类型作物的灌溉水量进行优化配置，对阿克苏灌区主要农作物的种植结构进行定量优化。

第2章 阿克苏河流域概况

2.1 自 然 概 况

2.1.1 地理位置

阿克苏河流域位于天山南麓中段西部、塔里木盆地西北边缘，流域范围为 E75°6′～82°47′、N40°7′～42°3′，流域总面积为 781.67×10⁴hm²。其中，阿克苏灌区范围为 E78°46′～82°44′、N40°7′～41°35′，灌区总面积为 221.03×10⁴hm²。

本书研究利用 ASTER GDEM 数字高程栅格数据［空间分辨率为 30m，来源于美国地质勘探局(United States Geological Survey，USGS)数据平台］进行流域分析(watershed analysis)，提取了阿克苏河流域的边界。根据流域内所发挥的生态服务功能不同，将整个流域按照地形地势划分为两个功能区：核心区(阿克苏灌区)和汇流区(阿克苏灌区之外的汇水区域)。

2.1.2 地形地貌

阿克苏河流域位于塔里木盆地西北边缘，地势上总体表现为西北高、东南低的趋势，地形自西北向东南倾斜，地貌差异大，可分为山区(天山山区)和平原区(阿克苏灌区)两部分。库木艾日克河北部为天山山区，南部为谷地平原。托什干河大体为两山夹一谷地。流域内，北部山区海拔为 1572～7359m，平原区海拔为 931～1485m。

2.1.3 气候条件

阿克苏河流域位于亚欧大陆深处，为暖温带干旱型气候，具有大陆性气候的显著特征。气候干燥，蒸发量大，降水稀少且年、季分布不均；晴天多，日照时间长，热量资源丰富；气候变化剧烈，寒冬酷夏，昼夜温差大，年均风速较小且季节差异显著。

(1)气温。因流域地形复杂，各地气温差异显著。沙漠区年均气温为 11.0～12.0℃，平原区年均气温为 7.0～9.0℃，山前绿洲带年均气温约为 10.0℃。总体上，流域年均气温为 9.2～12.0℃。1972～2014 年，气温变化曲线呈缓慢抬升的趋势显著，如图 2-1 所示。

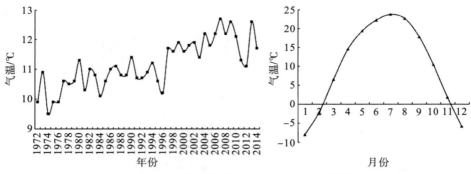

图 2-1　阿克苏河流域气温年、月分布曲线

春季气温回升快，每遇冷空气入侵时气温下降，有时出现强烈的倒春寒天气。夏季各月气温月变化小，除山区比较凉爽外，各月白天均较为炎热。7 月是全年最热月。南部沙漠、西部柯坪谷地和沙井子垦区夏季气温最高，7 月平均气温为 25～27℃。北部靠山平原、乌什谷地夏季气温最低，7 月平均气温为 21～22℃。秋季降温迅速且稳定，由于下垫面散热快和冷空气活动频繁，9 月平均气温仍高达 20℃左右，至 11 月则降到 0℃左右，平均每月下降 3～6℃，尤以 11 月气温下降最快。冬季各地气温均较低，1 月是全年最冷月，平均气温为-14～-7℃。

（2）降水量。流域内气候干燥，降水稀少，地区间差异大。山区降水量相对较多（年降水量为 200～300mm），平原区较少（年降水量为 40～60mm）。降水量的年际变化较大，多雨年和少雨年相差可达 3～5 倍。一年中降水量变化明显，四季降水量差异悬殊。夏季降水集中，7、8 月是全年降水量最多的月份，冬季降水稀少，2 月是全年降水量最少的月份，如图 2-2 所示。

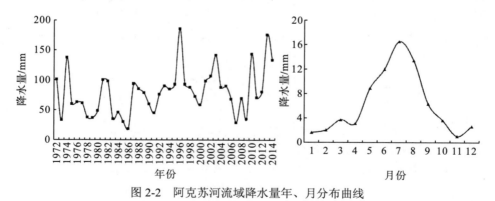

图 2-2　阿克苏河流域降水量年、月分布曲线

（3）日照。阿克苏地区日照丰富，居全国第二位，年太阳辐射年总量的地理分布大致由南向北逐渐减少。流域年均日照时数为 2571～2997 h，热量资源较丰富。阿克苏市日照时数为 2880.5h，温宿为 2806.8h，阿瓦提为 2794.5h，乌什为 2839.9h，

柯坪为 2869.7h。一年中，太阳辐射能量主要集中于 5～10 月，如图 2-3 所示。

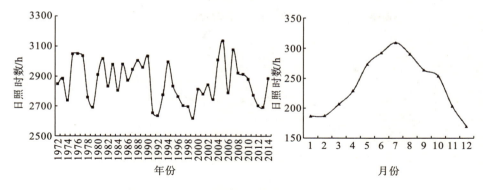

图 2-3　阿克苏河流域日照时数年、月分布曲线

　　(4)地表风速。流域地处天山南麓背风一侧，北有天山屏障，多下沉气流，全流域地表风速较小，年均地表风速为 1.5～2.0m/s。一年中，春、夏季风速较大，平均风速为 2～3m/s；秋季次之，平均风速为 1～2m/s；冬季最小，一般在 1m/s以下。东部平原全年盛行北风和西北风；南部、西南部盛行东风和东北风；中部平原盛行偏北风；乌什谷地盛行风向与山谷走向一致，为西南风，如图 2-4 所示。

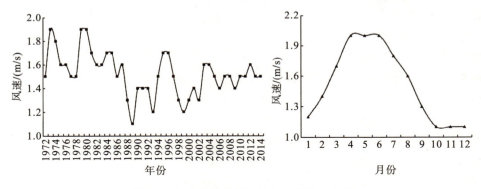

图 2-4　阿克苏河流域风速年、月分布曲线

　　(5)相对湿度。流域内气候干燥，湿度小，年均相对湿度为 40%～60%。一年中，相对湿度以冬季最高，一般为 60%～80%，夏、秋季次之，春季最低，一般为 40%左右。西部柯坪最低，仅 42%左右；其他各地均为 50%～60%。相对湿度日变化和气温变化相反，一天中最高相对湿度出现在清晨，最低相对湿度出现在午后。最低相对湿度一般出现在春季，且各地的最低相对温度大多为零，如图 2-5所示。

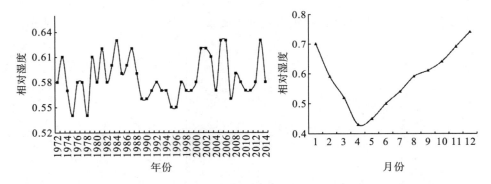

图 2-5　阿克苏河流域相对湿度年、月分布曲线

以上数据由覆盖阿克苏河流域的 7 个国家一、二级气象自动观测台站 1972～2014 年逐日数据计算得出，来源于国家气象中心地面气候资料日值数据集。

2.1.4　河流水系

1. 阿克苏河水系

阿克苏河是新疆三大国际河流之一，以冰雪融水补给为主，另有地下水和雨水补给，发源于吉尔吉斯斯坦，流经阿克苏地区 4 个县市(乌什、温宿、阿克苏、阿瓦提)，由库玛拉克河与托什干河汇流而成。两条河在温宿县帕合抵南(西大桥水电站上游约 0.5km)汇合后始称阿克苏河。流经 15km 后，在艾里西又分成东支新大河和西支老大河。老大河流经 112km 后，在喀拉塔汇流至肖夹克，与叶尔羌河及和田河一同汇入塔里木河，以托什干河为正源，阿克苏河在地区境内全长132km，年均径流量约为 $59.3 \times 10^9 \mathrm{m}^3$。

阿克苏河流域共有地表水资源 $76.36 \times 10^9 \mathrm{m}^3$，其中，库玛拉克河为 $45.60 \times 10^9 \mathrm{m}^3$，占地表水总资源的 59.7%；托什干河为 $27.20 \times 10^9 \mathrm{m}^3$(含沙里桂兰克站以上引水 $1.60 \times 10^8 \mathrm{m}^3$；其他小河、泉水为 $3.56 \times 10^8 \mathrm{m}^3$)。两河年平均入境水量为 $49.7 \times 10^9 \mathrm{m}^3$，其中，库玛拉克河占 72.0%，托什干河占 28.0%。两河入境水量占总水量的 65.1%(表 2-1)。

表 2-1　阿克苏河流域状况

水系	流经地区	河流名称	水文站	流域面积/km²	年均径流量/×10⁸m³
阿克苏河水系	乌什谷地阿克苏河三角洲	阿克苏河	西大桥	43123.0	59.30
		库玛拉克河	协哈拉	12816.0	45.60
		托什干河	沙里桂兰克	19166.0	27.20
		其他小河	—	2.0	3.56

续表

水系	流经地区	河流名称	水文站	流域面积/km²	年均径流量/×10⁸m³
塔里木河水系	塔里木河上、中、下游	叶尔羌河	卡尔托克拉克	—	2.60
		和田河	肖塔	30.9	—
		塔里木河	阿拉尔	—	50.30
		塔里木河	新渠满	—	—
台兰河水系	温宿县佳木地区	台兰河	台兰	1324.0	7.19
		喀拉玉尔滚河	盐山口	740.0	2.39
		柯柯牙河	柯柯尔	500.0	0.91
		克其阿肯沟	—	—	0.27
		其他	—	—	0.25
柯坪县水系	柯坪盆地阿恰山倾斜平原	苏巴什河	—	1.7	—
		红沙子河	—	1.4	—

注：数据来源于《塔里木河流域阿克苏管理志（2005~2014）》。

2. 塔里木河水系

塔里木河是我国最长的内陆河，上游源流为阿克苏河、叶尔羌河、和田河，在肖夹克附近汇合后自西北向东南流下，经阿瓦提、阿克苏、沙雅、库车等县市，最后注入若羌县台特玛湖。塔里木河水系全长 1100km，地区境内长 430 余公里，年径流量为 $49.8×10^9m^3$。塔里木河处于极度干旱冲击平原，河道水全部依靠上游 3 条源流补给。20 世纪 50~60 年代，地表径流量为 $1.96×10^{10}m^3$，其中，阿克苏河占 38.6%，叶尔羌河占 38.5%，和田河占 22.9%。进入塔里木河阿拉尔站，多年平均水量为 $4.87×10^9m^3$，其中，阿克苏河占 72.0%，和田河占 22.5%，叶尔羌河占 5.5%。注入水源多为上游洪水和上游灌区回归水。20 世纪 70 年代起，叶尔羌河、和田河水量减少，阿克苏河成为塔里木河最大水量来源，年径流量占总径流量的 80%；其次为和田河，年径流量占总径流量的 15%，叶尔羌河与喀什葛尔河年径流总量占总径流量的 5%（表 2-2，图 2-6）。

表 2-2　塔里木河流域月平均流量　　　　　　　　　（单位：m³/s）

月份	托什干河（沙里桂兰克，1969 年）	库玛拉克河（协合拉，1978 年）	阿克苏河（西大桥，1978 年）	塔里木河（阿拉尔，1978 年）	塔里木河（新渠满，1978 年）
1 月	13.5	26.7	94.3	72.2	57.6
2 月	12.2	25.2	86.4	7.3	64.7
3 月	13.9	24.9	71.0	51.5	57.0
4 月	52.0	37.3	52.6	16.8	18.0
5 月	98.8	96.0	86.1	19.3	13.2

续表

月份	托什干河 (沙里桂兰克, 1969 年)	库玛拉克河 (协合拉, 1978 年)	阿克苏河 (西大桥, 1978 年)	塔里木河 (阿拉尔, 1978 年)	塔里木河 (新渠满, 1978 年)
6 月	162.0	254.0	230.0	83.1	56.5
7 月	215.0	441.0	493.0	399.0	306.0
8 月	217.0	492.0	574.0	676.0	609.0
9 月	90.6	182.0	233.0	208.0	207.0
10 月	42.0	71.0	119.0	89.9	74.5
11 月	29.2	44.0	99.5	61.8	45.6
12 月	20.7	31.4	104.0	92.5	64.6

注: 数据来源于《塔里木河流域阿克苏管理志(2005～2014)》。

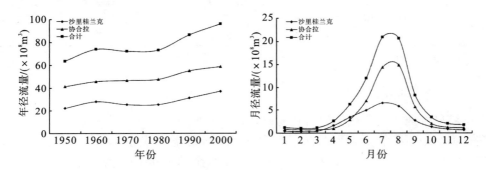

图 2-6　阿克苏河流域主要水文站监测径流情况

2.2　社会经济简况

2.2.1　乌什县

乌什县位于南天山山脉西段的山前河谷平原及阿克苏地区西北部, 介于 N40°43′08″～41°51′12″、E78°23′41″～80°01′09″, 东西长 139.5km, 南北宽 124.5km, 总面积为 8693.17km^2。乌什县辖 6 乡(阿克托海乡、阿恰塔格乡、亚科瑞克乡、英阿瓦提乡、奥特贝希乡、亚乡)、3 镇(乌什镇、阿合雅镇、前进镇)、8 个社区、107 个行政村。2014 年总人口为 228807 人, 其中维吾尔族 209358 人、汉族 12002 人、回族 1461 人、柯尔克孜族 5651 人。

2014 年, 乌什县耕地面积为 31207hm^2, 有效灌溉面积为 31207hm^2, 农作物种植面积为 35092hm^2, 粮食总产量为 209690t, 棉花总产量为 1336t, 园林水果产量为 23857t。全县实现生产总值 263003 万元, 其中第一产业为 99415 万元, 第二产业为 33168 万元, 第三产业为 130420 万元。人均生产总值 11495 元。农民人均纯收入为 6690 元。

2.2.2　温宿县

温宿县地处西天山中段的托木尔峰南麓山前平原，介于 N40°52′～42°15′、E79°28′～81°30′，总面积约为 14569km²。温宿县辖 5 乡(依希来木其乡、古勒阿瓦提乡、恰克拉克乡、托乎拉乡、博孜墩柯尔克孜民族乡)、5 镇(温宿镇、佳木镇、克孜勒镇、阿热勒镇、吐木秀克镇)、3 个管理区(托甫汗管理区、柯柯牙管理区、共青团管理区)。2014 年总人口为 261297 人，其中维吾尔族 198621 人、汉族 56195 人、回族 837 人、柯尔克孜族 4144 人。

2014 年，温宿县耕地面积为 82520hm²，有效灌溉面积为 68776hm²，农作物播种面积为 93441hm²，粮食总产量为 257040t，棉花总产量为 84161t，园林水果产量为 232635t。全县实现生产总值为 674773 万元，其中第一产业为 278381 万元，第二产业为 183888 万元，第三产业为 212504 万元。人均生产总值为 25824 元。农民人均纯收入为 10334 元。

2.2.3　阿克苏市

阿克苏市位于天山南麓、塔里木盆地西北边缘，介于 N39°30′～41°27′、E79°39′～82°01′，南北长约 213km，东西宽约 199km，总面积约为 1.44×10⁴km²。阿克苏市辖 4 乡(依干其乡、拜什吐格曼乡、托甫鲁克乡、库木巴什乡)、2 镇(哈拉塔勒镇、阿依库勒镇)，是阿克苏地区政治、经济、文化中心。2014 年总人口为 514887 人，其中维吾尔族 272265 人、汉族 233689 人、回族 5037 人、柯尔克孜族 228 人。

2014 年，阿克苏市耕地面积为 77500hm²，有效灌溉面积为 62531hm²，农作物播种面积为 14838hm²，粮食总产量为 109361t，园林水果产量为 655423t。阿克苏市实现生产总值为 1612080 万元，其中第一产业为 184772 万元，第二产业为 424014 万元，第三产业为 1003294 万元。人均生产总值为 31309 元。农民人均纯收入为 13278 元。

2.2.4　阿瓦提县

阿瓦提县位于天山南麓、塔克拉玛干沙漠北缘，阿克苏河、叶尔羌河与和田河冲积三角洲，介于 N39°30′～40°50′、E79°45′～81°05′，总面积达 13258.8km²。阿瓦提县辖 5 乡(阿依巴格乡、塔木托格拉克乡、英艾日克乡、多浪乡、巴格托格拉克乡)、3 镇(阿瓦提镇、乌鲁却勒镇、拜什艾日克镇)、4 个片区管委会、149 个行政村、16 个社区(包括农村社区)。2014 年总人口为 263143 人，其中维吾尔族 217131 人、汉族 43799 人、回族 1238 人。

2014 年，阿瓦提县耕地面积为 961815hm²，有效灌溉面积为 111900hm²，农作物播种面积为 249993hm²，粮食总产量为 147925t，棉花总产量为 166574t，园林水果产量为 152427t。全县生产总值为 412488 万元，其中第一产业为 163211 万元，第二产业为 67169 万元，第三产业为 182108 万元。人均生产总值为 15675 元。农民人均纯收入为 10339 元。

2.2.5　柯坪县

柯坪县位于塔里木盆地边缘、柯尔塔格山南麓，介于 N40°02′～40°57′、E78°02′～79°57′，总面积为 8912km²。柯坪县辖 3 镇 2 乡。2014 年总人口为 55354 人，全部为维吾尔族。

2014 年，柯坪县生产总值为 87425 万元，其中第一产业为 20327 万元，第二产业为 16518 万元，第三产业为 50397 万元。人均生产总值为 15794 元。农民人均纯收入为 6871 元。

2.2.6　阿合奇县

阿合奇县位于天山南麓、托什干河上游，总面积约为 $1.15 \times 10^4 km^2$。阿合奇县辖 5 乡 1 镇、25 个行政村。2013 年总人口为 4.3 万余人，主要由柯尔克孜族、汉族、维吾尔族、回族四个民族组成，柯尔克孜族人口占总人口的 86%。

2014 年，全县灌溉面积为 10000hm²，生产总值为 34144 万元，农民人均纯收入为 7940 元。

第3章 阿克苏灌区土地利用变化及预测分析

土地利用变化是自然环境和人类社会经济活动综合作用的产物，开展针对长时间序列的土地利用变化研究，可以总结研究时段内的研究区土地利用变化规律，发现当前土地利用过程中存在的问题，并通过对现有土地利用状况的模拟，实现对未来土地利用空间格局和数量的预测，为制定科学合理的土地利用结构优化方案提供重要参考，对实现区域土地资源高效合理利用具有理论意义。

本章以阿克苏灌区为核心研究区，利用 GIS 空间统计分析方法、数理统计模型、CA-Markov 模型和人工智能算法，基于阿克苏灌区 2014 年土地利用现状，对比分析了阿克苏灌区 1998～2014 年土地利用时空变化特征；综合考虑自然因素和社会经济因素的相互作用，定量分析阿克苏灌区土地利用变化的主要驱动力；以 2006～2010 年土地利用变化规律为基础进行建模，模拟并验证阿克苏灌区 2014 年土地利用分布及拟合精度，并对 2018 年土地利用分布进行预测。

3.1 研 究 方 法

3.1.1 土地利用动态变化模型

1. 土地资源数量变化模型

土地利用动态度指数反映某一时段内某种土地利用类型的数量变化情况，计算公式如下：

$$K_i = \frac{S_e - S_b}{S_b} \times \frac{1}{t} \times 100\% \tag{3-1}$$

式中，K_i 为类型 i 在研究时段内的土地利用动态度指数；S_b 和 S_e 分别为类型 i 在研究初期和研究末期的面积（hm^2）；t 为研究时段。

综合土地利用动态度指数反映土地利用变化速率的区域差异，描述研究区在研究时段内土地利用变化的速率，计算公式如下：

$$S = \sum_{ij}^{n} \frac{S_i - S_j}{S_i} \times \frac{1}{t} \times 100\% \tag{3-2}$$

式中，S 为研究时段内的综合土地利用动态度指数；S_i 为类型 i 在研究初期的总面积（hm^2）；S_j 为类型 j 在研究末期的总面积（hm^2）；t 为研究时段。

2. 土地利用程度变化模型

土地利用程度指数反映研究区特定时期内的土地利用程度,通过对不同时期土地利用程度指数的变化分析,可得到研究区土地利用程度的变化情况,计算公式如下:

$$L = \sum_{i=1}^{n} R_i \times P_i \tag{3-3}$$

式中,L 为土地利用程度指数;R_i 为研究区内第 i 级土地利用程度的分级指数;P_i 为第 i 级土地利用程度的面积百分比(%);n 为土地利用程度的分级个数。土地利用程度分级标准参考刘纪远等(2014)和陈曦(2008)的研究成果(表 3-1)。

表 3-1　土地利用程度分级指数

主导功能	土地利用类型	分级指数
未利用土地	未利用或难以利用地	1
草地、水域	草地、水域	2
林业、农业用地	林地、耕地、园地、草地	3
城镇聚落用地	城镇、居民点、工矿用地、交通用地	4

通过分析研究区土地利用程度的变化量和变化率,可进一步对阿克苏灌区内土地利用的水平和变化趋势进行定量分析,计算公式如下:

$$\Delta L_{e-b} = L_e - L_b = \sum_{i=1}^{n} R_i \times P_{ie} - \sum_{i=1}^{n} R_i \times P_{ib} \tag{3-4}$$

式中,L_b、L_e 分别为研究区研究初期和末期的土地利用程度指数;R_i 为第 i 级土地利用程度分级指数;P_{ib} 和 P_{ie} 分别为研究区研究初期和末期第 i 种土地利用程度级别的面积百分比(%);n 为土地利用程度的分级个数。

3. 土地利用类型变化模型

土地利用转移矩阵描述研究时段内不同土地利用类型之间的相互转换关系,反映在社会经济活动影响下不同转移方向的转移数量,用土地利用转移面积(hm²)或转移概率(%)来表示,计算公式如下:

$$T_1 = \begin{bmatrix} S_{11} & S_{12} & \cdots & S_{1j} \\ S_{21} & S_{22} & \cdots & S_{2j} \\ \vdots & \vdots & & \vdots \\ S_{i1} & S_{i2} & \cdots & S_{ij} \end{bmatrix} \quad 或 \quad T_2 = \begin{bmatrix} P_{11} & P_{12} & \cdots & P_{1j} \\ P_{21} & P_{22} & \cdots & P_{2j} \\ \vdots & \vdots & & \vdots \\ P_{i1} & P_{i2} & \cdots & P_{ij} \end{bmatrix} \tag{3-5}$$

式中,T_1、T_2 为研究时段内土地利用转移矩阵的两种表示方式,其中,T_2 为 Markov 转移概率矩阵;S_{ij} 为研究时段内由类型 i 转移为类型 j 的面积(hm²);P_{ij} 为研究初

期的类型 i 转移为研究末期的类型 j 的概率（%）；n 为研究区土地利用类型的数量。

4. 土地利用空间变化模型

第 i 类土地利用类型从研究初期 t_1 至研究末期 t_2 的空间格局变化，可划分 3 种空间类型：①未变化部分（ULA_i），土地利用类型及空间区位在研究时段内未发生变化；②转出部分（$\mathrm{LA}_{(i,t_1)} - \mathrm{ULA}_i$），在研究时段内由第 i 种类型转变为其他类型；③转入部分（$\mathrm{LA}_{(i,t_2)} - \mathrm{ULA}_i$），在研究时段内由其他类型转变为第 i 种类型。

在研究某种土地利用类型变化的过程中，基于土地利用动态度模型，综合考虑由其他类型转变为该类型的转出部分及转入部分等情况，计算公式如下：

$$\mathrm{TRL}_i = \frac{\mathrm{LA}_{(i,t_1)} - \mathrm{ULA}_i}{\mathrm{LA}_{(i,t_1)}} \times \frac{1}{t_2 - t_1} \times 100\% \qquad (3\text{-}6)$$

$$\mathrm{IRL}_i = \frac{\mathrm{LA}_{(i,t_2)} - \mathrm{ULA}_i}{\mathrm{LA}_{(i,t_1)}} \times \frac{1}{t_2 - t_1} \times 100\% \qquad (3\text{-}7)$$

$$\mathrm{CCL}_i = \frac{(\mathrm{LA}_{(i,t_1)} - \mathrm{ULA}_i) + (\mathrm{LA}_{(i,t_2)} - \mathrm{ULA}_i)}{LA_{(i,t_1)}} \times \frac{1}{t_2 - t_1} \times 100\% \qquad (3\text{-}8)$$

式中，TRL_i 为类型 i 在研究时段内的转移速率；IRL_i 为其新增速率；CCL_i 为其变化速率；n 为研究区土地利用的数量。

3.1.2　土地利用变化驱动力分析模型

构建驱动力分析模型是土地利用变化驱动力定量分析的常用方法。对土地利用变化过程与各驱动因子之间进行数量化拟合，通过精度验证可筛选出导致该变化过程发生的主要驱动因素，实现对不同变化过程及其变化机制的科学解释和定量描述（杨梅 等，2011）。

Logistic 回归分析方法基于抽样数据为每个自变量计算回归系数，这些回归系数可在某种程度上反映该自变量与因变量的相关强度。通过分配不同的权重进行计算，可得到各土地利用类型的转移概率，适用于解释局部空间尺度下，各驱动因子对不同土地利用变化过程的影响程度，计算公式如下：

$$\theta(p) = \ln\left(\frac{p}{1-p}\right) = \beta_0 + \beta_1 x_1 + \beta_2 x_2 + \cdots + \beta_n x_n \qquad (3\text{-}9)$$

式中，$p = P(y_i = 1 | x_1, x_2, \ldots, x_n)$，为在给定一系列自变量 $x_1, x_2, \ldots, x_n$ 时事件发生的概率；β_0 为常数；β_n 为偏回归系数。

不同土地利用变化过程 Y 发生的概率 P 可表达为

$$P = \frac{e^{\beta_0 + \beta_1 x_1 + \beta_2 x_2 + \cdots + \beta_n x_n}}{1 + e^{\beta_0 + \beta_1 x_1 + \beta_2 x_2 + \cdots + \beta_n x_n}} \qquad (3\text{-}10)$$

式中，Y 为特定时段内某类型是否发生变化(0 为不变化，1 为变化)；x_n 为影响该变化过程发生的影响因子。通过上述 Logistic 变换，对该土地利用变化状态 Y 与影响因子 x_n 之间的关系进行线性拟合，可定量判断该土地利用变化过程的主要驱动力。

3.1.3　土地利用变化模拟模型

1. CA 模型

CA 模型是由元胞的空间、元胞及元胞的状态、邻域和转换规则组成。CA 模型中的每个基础部分均被称作"元胞"，其空间分布位置的集合构成元胞空间。每个元胞均有其存在状态，属于有限的状态集合，此状态集合称为元胞状态。所有元胞规则地排列于元胞空间中，随时间变化其状态发生变化；同时，元胞状态亦会根据局部规则发生变化，元胞空间在离散的时间维上变化。

2. Markov 模型

Markov 模型是一种基于马尔可夫链理论对随机事件的变化规律进行研究，并对未来的变化趋势进行分析的预测模型。假设随机事件在 $t+1$ 时刻的改变仅与 t 时刻的状态有关而与 t 时刻之前的状态无关，则称这种无后效性、时间离散的随机变化过程为马尔可夫过程。Markov 模型可表示为

$$X_{(k+1)} = X_{(k)} \times P \tag{3-11}$$

式中，$X_{(k)}$ 为预测目标在 $t=k$ 时刻的状态向量；P 为转移概率矩阵；$X_{(k+1)}$ 为预测目标在 $t=k+1$ 时刻的状态向量。

3. CA-Markov 模型

CA 模型和 Markov 模型均存在其局限性。Markov 模型对数量变化的预测能力较强，但较少考虑引起土地利用类型发生变化的自然因素和社会经济驱动因素，同时缺乏对空间参数的考虑，单纯利用 Markov 模型不能对空间变化进行准确表达。CA 模型有较强的空间参数概念，可以模拟复杂的空间演变特征，但时间概念相对薄弱。因此，将二者有机结合可兼顾时间和空间上的预测。

本章利用 CA-Markov 模型，选取 2006 年、2010 年和 2014 年共 3 期土地利用分布矢量数据，通过设置元胞空间、尺寸和状态，结合自然和社会经济因素定义的转换规则，实现对阿克苏灌区未来土地利用状况的定量预测，通过对预测结果的分析，得出未来土地利用变化的趋势。

3.2　数据收集与处理

3.2.1　数据收集

（1）遥感数据。基于研究对象的特点及精度要求，本章的遥感数据主要采用空间分辨率为 30m×30m 的 Landsat TM Level 1T 影像和 Landsat OLI Level 1T 影像，每个时期由 6 景影像构成，来源于地理空间数据云平台。DEM 数据的空间分辨率为 30m，来源于地理空间数据云平台。

（2）社会经济数据。阿克苏灌区各研究时段的人口数量、人均 GDP 等各项社会经济指标数据主要从《阿克苏年鉴（2015）》中获取。

（3）其他数据。阿克苏灌区河流水系、交通、居民点分布等空间信息来源于 1∶25 万基础地理空间数据集。

3.2.2　遥感数据预处理

本章选取的 Landsat 遥感数据均为 Level 1T 级影像，已进行系统辐射校正和几何校正。由于阿克苏灌区覆盖多景数据，需要对多景数据进行拼接和裁剪，相邻但色调不同的影像在镶嵌之前需要进行色调与色差处理（图 3-1）。

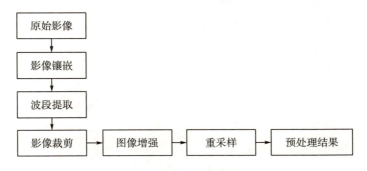

图 3-1　遥感数据预处理流程

TM（thematic mapper，专题测图仪）影像和 OLI（operational land imager，陆地成像仪）影像分别包含 7 个波段和 9 个波段，选择波段如表 3-2 所示，在后续目视解译阶段采用近红外光、红光与绿光波段合成标准假彩色图像，其地物色彩鲜明，有利于土地利用信息的提取；同时，采用红光、绿光和蓝光波段合成真彩色图像以辅助目视解译。为了增强目视解译阶段对地物的准确辨别能力，获得较好的目视解译效果，在数据预处理阶段需对遥感影像进行色彩、反差、地物边界平滑及锐化等预处理。

表 3-2　波段选择对照表

传感器	波段	波长/μm	分辨率/m	主要用途
TM	波段 1	0.45～0.52	30	能穿透水体，分辨土壤和植被
	波段 2	0.52～0.60	30	分辨植被
	波段 3	0.63～0.69	30	分辨道路、裸露土壤、植被种类效果好
	波段 4	0.76～0.90	30	分辨植被生长状况效果好
OLI	波段 2	0.45～0.51	30	能穿透水体，分辨土壤和植被
	波段 3	0.53～0.59	30	分辨植被
	波段 4	0.64～0.67	30	分辨道路、裸露土壤、植被种类效果好
	波段 5	0.85～0.88	30	分辨植被生长状况效果好

3.2.3　遥感信息提取

1. 类模板构建

参照《土地利用现状分类》国家标准（GB/T21010—2017），结合研究区土地利用分布现状，将阿克苏灌区土地利用类型（遥感分类模板）划分为 7 个一级地类、12 个二级地类，具体划分情况如表 3-3 所示。

表 3-3　土地利用分类系统

序号	一级地类	二级地类	类型描述
1	草地	天然牧草地	河滩上的草地和水库周围的草地
2	耕地	白地	已开垦但暂未耕种的裸地
		水田	水稻种植区
		水浇地	棉花、小麦、玉米等种植区
3	林地	灌木林地	灌木林生长区
		有林地	乔木林生长区
4	建设用地	城镇住宅用地	县城、地级市以及乡镇居民点分布区
5	水域	河流水面	河流
		坑塘水面	坑塘
		水库水面	水库
6	其他土地	裸地	荒漠、戈壁分布区
7	园地	果园	苹果、核桃、枣、葡萄等果木种植区

2. 解译标志建立

本书在开展野外遥感样地调查的基础上，对遥感影像进行空间分布特征分析。阿克苏灌区地类较为单一，且地形开阔平坦，农作物均为大面积连续种植模式，形状规则。灌区内主要农作物的种植均有明显地域分异规律，如某些农作物在某区域有大面积种植特征。同时，当地农作物具有极强的物候特征(耕作习惯)，不同物候生长期具有不同的遥感影像标志(表 3-4)。

表 3-4　遥感影像解译标志

类型	影像特征	实地特征	分布特征	综合标志
水稻			温宿县、乌什县大面积种植，其他各县零星分布	显著块状纹理特征、呈暗红色或蓝色
棉花			主要经济作物，以阿瓦提和阿拉尔分布最广	块状或条状，呈鲜红色
土豆			乌什县农-师四团大量种植，其他地区零星分布	条状亮红色，块状较为分散
小麦			地方种植较多，兵团种植少	块状纹理，因成像时已收割，颜色较浅
玉米			地方成片种植，兵团少量种植于棉花旁	种植面积小，块状特征不显著，浅红色
核桃			乌什、阿克苏、温宿北部缺水地区分布最多	幼龄呈浅红，成熟龄呈深红色
苹果			阿克苏红旗坡、温宿平原分布最多	不规则块状，多呈深红色
葡萄			阿瓦提南部较热地带有成片的分布	片状，浅红色
枣			阿拉尔农-师九团、二团、四团大规模种植	块状，呈暗红色，较核桃、苹果色深

类型	影像特征	实地特征	分布特征	综合标志
林地			沿河分布，下游有大面积的胡杨林	密度大者呈暗红色，绿洲边缘呈灰色
牧草地			分布于水库边缘，地下水较浅且坑塘密布的地带	连续片状，灰色
居民区			包裹在绿洲中央	块状，白色
河流			纵横交错于灌区各地	带状，因夹杂大量泥沙呈青灰色
水库		—	上游水库、胜利水库、多浪水库、沙井子水库等	块状，蓝色
坑塘			多分布于叶尔羌河两岸	零星分布，不规则黑色
空闲地		—	分布于绿洲及戈壁滩的连接处	规则状纹理，灰白色
裸地		—	零星分布于绿洲内	斑块面积较大，白色
其他土地			分布于绿洲边缘	斑块面积较大，灰白色

3. 目视解译

根据不同地物在遥感影像上的色调、纹理、空间分布等特征判定地物类别。根据波段融合后的 TM/OLI 影像中不同土地利用类型的色调、纹理、空间分布等特征，基于上述遥感解译标志，进行人机交互式判读解译；通过对各图斑信息的建立、分割和合并等操作，得到研究区 1998 年、2002 年、2006 年、2010 年、2014 年土地利用解译结果。

内业目视解译过程通常会遇到疑点或难点，需要开展野外实地踏查和校核，对不确定的地点和类型逐个进行核实、确认；针对在影像上无法解译或被遗漏的地物类型，进行现场补充解译。

4. 精度评价

对阿克苏灌区进行全面、系统的外业遥感样地调查，共设置了 338 个验证点，单向累积行程达 639km。在 338 个验证点中，295 个验证点的分类结果正确，分类精度达 87.3%。对 2006 年和 2010 年解译结果，采用查阅相关历史文档资料和访问当地居民的方式，获取当时的土地利用信息进行精度验证，2006 年和 2010 年分别有 286 个点和 290 个验证点分类正确，分类精度分别达 84.6% 和 85.8%。

3.3　结果与分析

3.3.1　土地利用时空差异性分析

土地资源是人类与环境相互作用的纽带，土地利用动态变化是土地资源对人类活动影响程度的重要反映，既包括数量和结构的变化，亦包括空间布局的变化。构建土地利用变化模型是研究土地利用变化的重要方式，本节通过选取不同模型从多角度分析阿克苏灌区土地利用的时空变化特征。

3.3.1.1　时间差异性分析

土地资源的特征和土地利用方式均会随时间发生变化。利用多时相土地利用状态数据，可通过相关数学模型定量化表达上述变化。

1. 量变化分析

由于各土地利用类型的面积差异较大，为了消除数量级的影响，对每种土地利用类型数据使用最大极差法进行标准化处理，以便使各土地利用类型的变化水平均能较为显著地表达。

从阿克苏灌区 1998~2014 年土地利用变化情况(表 3-5)可以看出，近 17 年来，阿克苏灌区草地、林地、其他土地和水域面积呈逐年减少趋势，耕地、建设用地和园地面积逐年增加。其中，其他土地面积变化幅度最大，由 1998 年的 1007435hm^2 减少至 2014 年的 733901hm^2，变化幅度为-12.38%；林地减少幅度较大，由 1998 年的占总面积的 16.94% 减少至 2014 年的 14.38%，减少了 2.56%；草地和水域均有小幅减少。耕地增幅最大，面积由 525378hm^2 增加至 733856hm^2，变化幅度为 9.43%；园地增幅也较大，由 1998 年的 5.17%增加至 2014 年的 12.66%，增幅为 7.49%；建设用地增幅较小且保持稳步增长趋势。

表 3-5　1998～2014 年阿克苏灌区土地利用变化情况

| 年份 | | 类型 | | | | | | |
		草地	耕地	林地	建设用地	水域	其他土地	园地
面积/hm²	1998	45130	525378	374435	10895	132822	1007435	114184
	2002	42412	552481	369059	11223	119996	990796	124312
	2006	38856	620990	357269	14241	119367	897533	162024
	2010	34050	634518	319698	15938	106064	868191	231822
	2014	32788	733856	317797	21809	90334	733901	279795
面积百分比/%	1998	2.04	23.77	16.94	0.49	6.01	45.58	5.17
	2002	1.92	25.00	16.70	0.51	5.43	44.83	5.62
	2006	1.76	28.10	16.16	0.64	5.40	40.61	7.33
	2010	1.54	28.71	14.46	0.72	4.80	39.28	10.49
	2014	1.48	33.20	14.38	0.99	4.09	33.20	12.66
变化幅度/%		−0.56	9.43	−2.56	0.50	−1.92	−12.38	7.49

2. 向变化分析

土地利用综合动态度可从整体上反映阿克苏灌区土地利用的变化情况。但是，土地利用变化是一个复杂过程，不仅包含某种地类向其他地类的转出，同时还包含其他地类向该地类的转入。根据刘盛和等(2002)的研究结果，若转入部分和转出部分数量相等，则区域土地利用在其综合变化率上并不能得到真实反映。土地利用转移矩阵不仅可以反映不同土地利用类型之间的转换方向，还可反映它们之间的数量变化关系。因此，本章采用王志宏在研究中使用的土地利用动态度双向变化率模型，结合土地利用转移矩阵对研究区 1998～2014 年的土地利用动态变化进行分析。

分析表 3-6 可知，从整体来看，阿克苏灌区土地利用类型已变化面积占土地总面积的 34.84%。其中，其他土地的变化面积占总体变化面积的 35.52%，耕地的变化面积占总体变化面积的 27.07%，园地的变化面积占总体变化面积的 21.51%，其他几种类型的变化面积所占比例较小。阿克苏灌区近年来的土地利用类型之间的变化主要表现为其他土地、耕地和园地的变化。

表 3-6　1998～2014 年阿克苏灌区土地利用双向变化分析

类型	变化面积/hm²	变化比率/%	综合变化率/%	双向变化率/%	转移速率/%	新增速率/%
草地	−12342.55	−1.60	−1.61	6.48	4.04	2.44
耕地	208477.55	27.07	2.33	6.04	1.85	4.18
林地	−56637.28	−7.36	−0.89	2.87	1.88	0.99
建设用地	10913.84	1.42	5.89	11.09	2.60	8.49
水域	−42487.95	−5.52	−1.88	4.24	3.20	1.03
其他土地	−273534.12	−35.52	−1.60	2.33	1.95	0.39
园地	165610.52	21.51	8.53	13.10	2.29	10.82

根据阿克苏灌区各土地利用类型动态度和双向变化率，结合土地利用转移矩阵（表 3-7），对阿克苏灌区各土地利用类型的变化情况进行如下分析。

表 3-7　1998～2014 年阿克苏灌区土地利用转移矩阵　　　　　（单位：hm²）

		2014 年						
		草地	耕地	建设用地	林地	其他土地	水域	园地
1998 年	草地	31.25	45.24	0.05	1.91	8.31	7.67	5.58
	耕地	0.25	68.54	1.21	0.54	0.78	0.87	27.82
	建设用地	0.00	18.51	55.79	0.60	0.19	1.61	23.29
	林地	0.22	15.73	0.04	68.04	11.54	2.26	2.17
	其他土地	0.74	23.94	0.40	2.60	66.93	0.56	4.83
	水域	6.85	12.66	0.10	23.15	10.22	45.52	1.50
	园地	0.02	30.18	4.41	2.08	1.26	0.91	61.14

（1）草地、林地、水域和耕地的综合变化率不大，但双向变化率较大。其中，草地的双向变化率是综合变化率的 4 倍，据表 3-6 中的新增速率和转移速率，草地的转移速率较大，结合表 3-7 中的土地利用转移矩阵可以看出，草地主要转变为耕地，另有小部分转移为其他类型；林地的双向变化率是综合变化率的 3 倍，主要转变为耕地和其他土地，转移为其他类型的面积较少，相对较为稳定；水域的双向变化率是综合变化率的 2 倍，且其转移速率较大，由水域转出的类型较多，主要转变为林地、耕地、其他土地和草地，而转变为建设用地和园地的仅有小部分；耕地的双向变化率亦达到综合变化率的 2 倍多，但新增速率大于转移速率，主要表现为由其他类型转入，从转移矩阵中可以看出，耕地主要由其他土地转入，其他类型亦均有不同数量的转入，耕地与其他类型间的交互作用较为强烈。

（2）其他土地的综合变化率与双向变化率相差不大，但新增速率较小且转移速率远大于新增速率，说明是单向变化，且变化方向属转出为其他类型，由土地利用转移矩阵可以看出，其他土地主要转出为耕地，由于其他土地的总面积基数大，故转出为园地和林地的部分不容忽视。

(3)建设用地和园地的综合变化率与双向变化率均较大，但新增速率远大于转移速率，说明建设用地和园地是单向变化，且变化方向属由其他类型转入，由土地利用转移矩阵可以看出，建设用地主要由耕地、园地和其他土地转移而来，园地主要由耕地和其他土地转入。

综上，阿克苏灌区 1998～2014 年，土地利用变化最为显著的类型为其他土地、耕地和园地。其中，耕地的综合变化率较低，是由转入和转出面积相互抵消造成；园地变化最为剧烈，不仅大量转出为其他类型，且同时存在大量其他类型转入，双向变化均较为显著；其他土地变化率虽较高，但主要表现为单向转出至其他类型，是阿克苏灌区多数土地利用类型新增部分的主要来源。上述结果均与阿克苏灌区土地利用数量变化的分析结果相吻合。

3. 程度变化分析

土地利用程度是对阿克苏灌区内人类活动影响下土地利用变化水平的一种定量化表达，其变化是区域内多种土地利用类型变化综合作用的结果。土地利用程度及其变化量和变化率均可定量揭示阿克苏灌区土地利用的综合水平和变化趋势。

由阿克苏灌区土地利用程度变化趋势(图 3-2)可以看出，土地利用程度呈逐年加深趋势，表明该区域的人类活动对土地利用变化的影响程度越来越大。依据王秀兰等(1999)在土地利用动态变化研究方面提出的研究成果，土地利用程度变化量或变化率大于零，则该区域土地利用处于发展期，否则处于调整期或衰退期。由表 3-8 可知，阿克苏灌区土地利用正处于发展期，并且在人类活动的影响下发展速率逐渐加快。

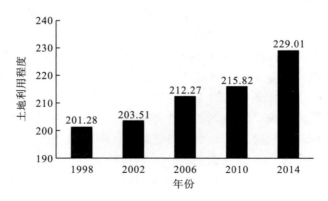

图 3-2　1998～2014 年阿克苏灌区土地利用程度变化趋势

表 3-8　1998～2014 年阿克苏灌区土地利用程度变化

时期	程度变化量
1998～2002 年	2.23
2002～2006 年	8.76
2006～2010 年	3.55
2010～2014 年	13.19

3.3.1.2　空间差异性分析

土地利用变化不仅包含数量变化和程度变化，还包含空间变化。利用 GIS 的空间分析模块为土地利用空间变化的分析提供了强有力的技术支持。依据王秀兰等(1999)在土地利用动态变化研究中的方法，土地利用空间变化规律可通过比较土地资源分布重心的变化来定量描述。利用刘盛和等(2002)提出的空间分析测算模型，可将土地利用变化划分为变化部分、转移部分和新增部分，通过 GIS 的空间分析模块进行建模计算。本节采用刘盛和提出的空间测算模型，实现了对阿克苏灌区土地利用空间变化的差异性分析。

利用 GIS 的空间分析模块，将阿克苏灌区 1998～2014 年的 5 期土地利用斑块解译数据进行叠置分析和空间统计分析，得到阿克苏灌区各土地利用类型变化的空间分布，从空间统计分析结果可以看出三点。

(1)耕地的转入面积较大，且主要分布于阿克苏市与阿瓦提县交界处、阿克苏市与阿拉尔市交界处以及温宿县东北部地区，其他地区如阿克苏市中部、阿拉尔市和乌什县与温宿县交界处亦有分布，但较为零散。园地转入面积较大，在乌什县与温宿县分布较为集中，阿克苏市、阿瓦提县和阿拉尔市分布零散。其他类型转入较少但分布集中，特征明显。草地转入面积主要分布于水库周边，水域转入面积主要分布于河流两侧，林地转入面积分布于阿瓦提县南部和沙雅县东部，其他土地转入面积主要分布于灌区边缘与原有的其他类型相接处，建设用地转入面积主要分布于居民区周边，尤其在阿克苏市周边居多。

(2)其他土地转出面积最大，且分布范围广泛，主要集中分布于阿克苏灌区南北连线的中部地区，水域转出面积亦较大，主要分布于水库或河流两侧，其他类型转出面积分布较为零散。

(3)对比阿克苏灌区 1998～2014 年各土地利用类型变化中转入和转出的空间分布情况可以发现，土地利用类型分布越复杂、斑块越小的地区，发生类型变化的概率越大；相反，类型相对单一且面积较大的地区土地利用较为稳定，不易发生类型转变；此外，不同类型的交界地带也容易发生相互转变。

3.3.2　土地利用变化驱动力分析

土地利用变化既受自然因素的影响，又受人类社会经济活动的影响，仅通过直接测量或社会经济统计分析无法准确反映土地利用变化的响应机制。根据上述对阿克苏灌区各土地利用类型的变化分析，选取 1998～2014 年阿克苏灌区的 7 种土地利用类型的变化范围作为因变量，综合考虑自然因素和社会经济因素，选取 14 个影响因子作为自变量，采用二分类逻辑回归模型对阿克苏灌区各土地利用类型转变过程的驱动力进行定量分析。

3.3.2.1　驱动因子选取

(1)选取原则。驱动因子包括导致土地利用方式、目的发生变化的各种生物、物理、社会经济因素的集合，是土地利用变化的动力因素。由于驱动因子种类繁多，考虑所有影响因子是不现实的。通过对国内外相关文献和研究成果进行分析，结合阿克苏灌区土地利用现状特征，制定阿克苏灌区土地利用变化驱动因子选取应遵循的原则如下：①相关性原则，选取的驱动因子应与阿克苏灌区土地利用变化相关性较大，能客观反映土地利用变化的整体趋势；②可获取原则，考虑阿克苏灌区的实际研究条件，所选因子应容易得到或能够得到；③定量化原则，由于选取的驱动因子要输入数学模型进行定量化分析，因此驱动因子应能够量化处理；④以社会经济因子为主，由于在短期内自然因素相对较为稳定，发挥温和的累积效应，社会经济因素相对较为活跃，因此在驱动因子选取过程中应以社会经济因子为主；⑤不可替代性，所选取的驱动因子之间具有不可替代性，能够从不同角度反映阿克苏灌区土地利用变化的驱动机制。

(2)驱动因子的选取。根据上述驱动因子的选取原则，结合阿克苏灌区土地利用变化特征，选取驱动因子结果如表 3-9 所示。其中，考虑到社会经济因素之间的多重共线性问题，结合当前研究成果，选取人口密度和 GDP 这两项指标来衡量社会经济因子对阿克苏灌区土地利用变化的影响。

表 3-9　阿克苏灌区土地利用变化驱动因子选取

因素层	因子层	选取原因
人口	人口密度	是土地利用变化的最重要的作用主体
社会经济	地均 GDP	是土地利用变化的主要驱动力
地形地貌	海拔、坡度、坡向	对土地利用分布具有控制作用
气象	年均降水量、年均气温	对类型分布格局的形成具有限制作用
空间距离	与各级道路的距离、与水系的距离、与行政中心的距离	影响地类的布局

选取各驱动因子后，对其进行数据编码，以便于数学模型的运算和对分析结果的描述，数据编码结果如表 3-10 所示。

表 3-10　土地利用变化驱动因子数据编码

变量	编码	变量	编码
海拔	x_1	与省道或国道的距离	x_8
坡度	x_2	与铁路的距离	x_9
坡向	x_3	与水系的距离	x_{10}
年均降水量	x_4	与乡镇的距离	x_{11}
年均气温	x_5	与县城的距离	x_{12}
与城乡主干道的距离	x_6	人口密度	x_{13}
与县道的距离	x_7	地均 GDP	x_{14}

3.3.2.2　基于空间约束性的 Logistic 回归

目前，国内外学者针对土地利用变化驱动力研究的定量分析方法有多种，其中，回归分析是其中较为常用的一种。李强在其关于黄土高原南部地区土地利用变化的研究中指出，像元的土地利用类型只可能出现两种情况(是或不是某种土地利用类型)，将其作为因变量，是一种典型的二分类定性变量，因此采用二分类逻辑回归(binary logistic)方法对该地区土地利用类型变化的影响因素进行了研究。同时，为了有效降低土地利用类型空间自相关的影响，还应将空间抽样方法引入二分类逻辑回归方法中，构建基于空间约束性的逻辑回归分析方法。鉴于空间采样方法的优越性及分析方法的可行性，采用空间抽样方法完成研究数据的获取，基于二分类逻辑回归方法进行定量分析，最后使用 ROC(receiver operating characteristic，受试者工作特征)曲线方法检验逻辑回归模型的拟合效果。

1. 空间要素栅格化与可视化表达

由于空间采样是基于栅格数据格式进行的，因此需要对选取的各影响因子进行栅格化处理。其中，人口密度和地均 GDP 图层通过将各行政区的统计数据进行空间插值获得；地形地貌因素中的各项指标，通过空间分析模块的表面分析功能对阿克苏灌区 30m 空间分辨率 DEM 数据提取获得；气象要素中的年降水量和年均气温通过对阿克苏灌区及周边 7 个气象台站多年观测的降水量和气温平均数据进行空间数据内插获得；空间距离要素中的各指标通过将阿克苏灌区的点状行政驻地数据、线状交通数据和面状的水系数据进行欧式距离运算生成。最后，将生成的各要素栅格图层按照阿克苏灌区边界裁剪得到所有影响因子的栅格数据(图 3-3)。

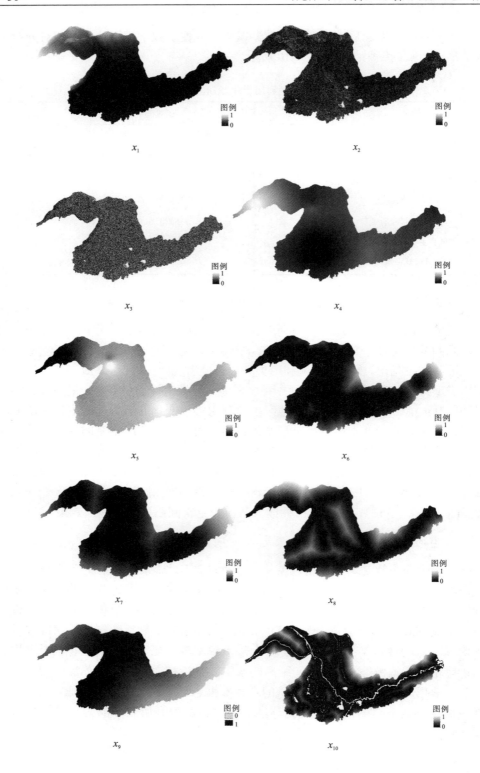

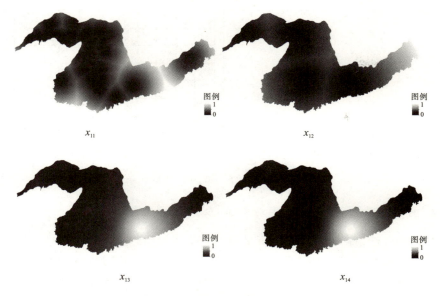

图 3-3　各驱动因子的栅格化处理结果

此外，为避免各驱动因子量纲和数量级对模型拟合结果的影响，还需将各要素数据进行标准化处理，采用最大值/最小值进行标准化，使用 Python 语言结合 GDAL 库在 Pycharm 中编程实现。

2. 空间约束性抽样

考虑到数据量和模型运算的复杂性，在进行二分类逻辑回归之前，需要对数据进行空间抽样。空间抽样是地理研究、环境问题研究和社会经济问题分析的重要手段。本章基于 Python 语言和 GDAL 库，开发了基于空间约束的地理要素抽样工具。

在抽样理论中，为保证样本的代表性，常选择随机抽样的方式选取样本。在空间抽样过程中，为确保样本覆盖所有土地利用类型，不至于出现如图 3-4(a)所示过于集中的情况，要求样本点均匀分布，以确保覆盖整个研究区。因此，本章在空间抽样过程中选择系统抽样与随机抽样相结合的方法，由计算机根据抽样数量先将研究区等间隔划分为多个子区域，再从每个子区域生成随机点进行抽样，如图 3-4(b)所示。根据相关研究成果，样本数量需要根据所选研究区的面积、研究对象的复杂程度和总体估算精度来确定，通常按栅格总数的 20% 的样本量进行抽选。

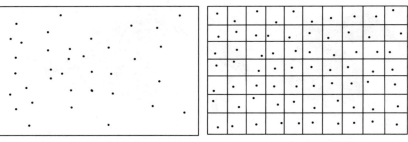

(a)随机抽样　　　　　　　　　(b)约束性随机抽样

图 3-4　随机抽样与约束性随机抽样

3. 驱动因子二分类逻辑回归分析

样本抽取结束后,将样本数据进行二分类逻辑回归分析,得到与各土地利用类型相关的影响因子的回归系数和各项统计指标(表 3-11)。通过对 14 个影响因子的相关性分析(表 3-12)可以看出,各影响因子的相关程度均在可接受范围内,多重共线性问题不显著。根据双向变化率分析结果,选取新增速率较大的草地、耕地、建设用地和园地 4 种土地利用类型的变化驱动力进行分析。

表 3-11　二分类逻辑回归分析结果

变量	因变量						
	草地	耕地	林地	建设用地	水域	其他土地	园地
常数项	5.85	3.01	**	−5.53	1.20	−8.51	−2.51
x_1	**	−7.39	−4.60	**	**	11.90	4.16
x_2	**	−2.58	**	**	**	6.83	**
x_3	**	**	0.38	**	**	**	**
x_4	−15.96	−2.81	−6.77	**	2.12	**	2.21
x_5	−9.24	**	−17.46	5.65	−2.45	**	**
x_6	**	−5.49	2.82	−71.40	**	4.39	−12.75
x_7	−3.15	**	1.41	**	**	−0.72	−1.81
x_8	**	0.62	−0.76	−8.17	**	1.66	−1.57
x_9	**	0.61	−3.20	**	**	−3.27	−2.19
x_{10}	−9.88	−1.36	−1.99	**	−261.13	3.90	−1.04
x_{11}	−3.12	−1.41	−0.92	**	**	3.34	1.57
x_{12}	8.05	4.28	**	−6.93	**	−2.46	−4.43
x_{13}	**	16.36	**	**	**	−8.08	**
x_{14}	7.93	−14.45	**	**	**	9.52	**

注：“**”表示不相关或相关性极不显著。

表 3-12　影响因子相关系数矩阵

	x_1	x_2	x_3	x_4	x_5	x_6	x_7	x_8	x_9	x_{10}	x_{11}	x_{12}	x_{13}	x_{14}
x_1	1.00	—	—	—	—	—	—	—	—	—	—	—	—	—
x_2	0.13	1.00	—	—	—	—	—	—	—	—	—	—	—	—
x_3	−0.01	0.04	1.00	—	—	—	—	—	—	—	—	—	—	—
x_4	0.56	−0.02	−0.02	1.00	—	—	—	—	—	—	—	—	—	—
x_5	−0.78	−0.10	0.01	−0.62	1.00	—	—	—	—	—	—	—	—	—
x_6	−0.19	−0.04	0.00	−0.02	0.01	1.00	—	—	—	—	—	—	—	—
x_7	0.04	0.00	−0.01	0.16	−0.23	0.53	1.00	—	—	—	—	—	—	—
x_8	0.27	0.02	0.01	0.05	−0.19	0.15	0.06	1.00	—	—	—	—	—	—
x_9	−0.22	−0.03	0.00	0.31	−0.06	0.24	0.22	0.02	1.00	—	—	—	—	—
x_{10}	0.11	0.01	−0.01	0.22	−0.22	0.55	0.34	0.12	0.02	1.00	—	—	—	—
x_{11}	−0.34	−0.07	0.00	0.02	0.19	0.26	0.26	0.12	0.42	0.22	1.00	—	—	—
x_{12}	−0.22	0.01	0.00	−0.03	−0.11	0.56	0.59	0.07	0.23	0.34	0.33	1.00	—	—
x_{13}	−0.47	−0.12	0.00	0.13	0.48	0.08	−0.06	−0.11	0.65	−0.08	0.48	−0.14	1.00	—
x_{14}	−0.45	−0.12	0.00	0.14	0.45	0.13	0.03	−0.10	0.67	−0.06	0.53	−0.05	0.59	1.00

(1)草地变化驱动力分析。回归分析结果表明,与草地变化关联度最强的因子为年均降水量、年均气温、与县道的距离、与水系的距离、与乡镇驻地的距离、与县城驻地的距离以及地均 GDP。其中,草地发生变化与距县城驻地的距离和地均 GDP 呈显著正相关,这说明草地发生变化多分布于距离县城驻地较远、经济发展水平较高的区域;而与年均降水量、年均气温、距县道的距离、距水系的距离和距乡镇驻地的距离呈显著负相关,表明在年均降水量少、年均气温较低、距离水系近的地方以及距离乡镇驻地较近的区域,草地发生转变的概率较大,这些规律均可从土地利用类型转入和转出结果中显著表达。

(2)耕地变化驱动力分析。海拔、坡度、年均降水量、与城乡主干道的距离、与水系的距离、与乡镇驻地的距离、与县城驻地的距离、人口密度、地均 GDP 均与耕地变化过程呈显著相关,而和与省道或国道的距离和与铁路的距离关系较显著。其中,距离省道、国道和铁路这类高级别交通道路越远,距城乡主干道这类低级别道路越近的地方,耕地越容易发生变化;同时,距离县级以上行政驻地远、人口较多和经济发展水平较低的城乡地区,对耕地的需求量较大,越容易发生耕地的变化;研究区农作物以棉花为主,棉花生长需要大量灌溉水资源供给,而地形不平缓的地区不利于农作物的耕种,因此在低海拔平坦地区、距离水源越近的地方,越有利于农作物的耕作和经营,越容易出现非耕地转变为耕地的现象。

(3)建设用地变化驱动力分析。考虑到在建设用地的形成过程中,地面多进行过硬化与改造处理,对其进行恢复再利用的难度较大,因此,建设用地的变化多为新增过程，在对其变化影响因子的分析中，年均气温、与城乡主干道的距离、与省道或国道的距离和与县级以上驻地的距离均对其影响显著。分析发现，交通条件发达地区的道路两侧、气温较高、适宜居住和人类活动频繁的地区以及高级别行政驻地附近，较容易发生建设用地的转入，上述地区经济发展速度快，对建设用地的需求量较大，交通便利，利于城镇的扩张。

　　(4)园地变化驱动力分析。在各影响因子中，海拔较高的地区，其他土地利用类型容易转变为园地，阿克苏灌区整体地势为西北高、东南低，而由历年土地利用类型分布及土地利用类型转入变化特征可以看出，园地主要分布于阿克苏灌区中北部地势较高的区域，此分布特征与实际相符。此外，年均降水量、与城乡主干道的距离、与县级道路的距离、与省道或国道的距离、与铁路的距离、与水系的距离、与乡镇驻地的距离、与县级以上行政驻地的距离亦与园地的变化存在显著相关性。由此看出，园地的分布与交通要素密切相关，交通越发达地区越便于经济林果及时运输；县级以上行政驻地交易场所较多，有利于经济林果的交易；此外，年均降水量丰沛、水源丰富的地区有利于各类果树的生长。

3.3.2.3　回归模型的拟合

经过上述对各土地利用类型变化影响因子的分析，不同类型均筛选出与其变化显著相关的影响因子。将各影响因子的相关系数输入逻辑回归方程，得到1998～2014年阿克苏灌区各土地利用类型变化的回归模型，汇总如下。

　　(1)草地：

$$\text{Logistic}\left(\frac{P_1}{1-P_1}\right)=5.851-15.955x_4-9.235x_5-3.146x_7-9.879x_{10}-3.12x_{11} \tag{3-12}$$
$$+8.051x_{12}+7.927x_{14}$$

　　(2)耕地：

$$\text{Logistic}\left(\frac{P_2}{1-P_2}\right)=3.006-7.388x_1-2.58x_2-2.806x_4-5.489x_6$$
$$+0.62x_8+0.614x_9-1.356x_{10}-1.407x_{11}+4.28x_{12} \tag{3-13}$$
$$+16.36x_{13}-14.447x_{14}$$

　　(3)林地：

$$\text{Logistic}\left(\frac{P_3}{1-P_3}\right)=-4.579x_1+0.375x_3-6.766x_4-17.458x_5+2.819x_6+1.413x_7 \tag{3-14}$$
$$-0.762x_8-3.202x_9-1.993x_{10}-0.919x_{11}$$

　　(4)建设用地：

$$\text{Logistic}\left(\frac{P_4}{1-P_4}\right)=-5.53+5.649x_5-71.399x_6-8.172x_8-6.931x_{12} \tag{3-15}$$

(5) 水域:

$$\text{Logistic}\left(\frac{P_5}{1-P_5}\right) = 1.203 + 2.12x_4 - 2.446x_5 - 261.131x_{10} \tag{3-16}$$

(6) 其他土地:

$$\text{Logistic}\left(\frac{P_6}{1-P_6}\right) = -8.509 + 11.896x_1 + 6.828x_2 + 4.39x_6 - 0.716x_7$$
$$+ 1.664x_8 - 3.268x_9 + 3.896x_{10} + 3.335x_{11} - 2.459x_{12} \tag{3-17}$$
$$- 8.077x_{13} + 9.52x_{14}$$

(7) 园地:

$$\text{Logistic}\left(\frac{P_7}{1-P_7}\right) = -2.506 + 4.155x_1 + 2.214x_4 - 12.748x_6 - 1.806x_7$$
$$- 1.573x_8 - 2.191x_9 - 1.041x_{10} + 1.567x_{11} - 4.433x_{12} \tag{3-18}$$

3.3.2.4　模型精度检验

ROC 检验是一种常见的统计分析检验方法，本章使用该方法检验逻辑回归的拟合优度。ROC 为 0~1，ROC=1 表明拟合效果最优，逻辑回归所确定的各驱动因素对因变量具有最好的解释能力，土地利用类型变化的概率分布与真实的类型变化之间具有一致性。ROC=0.5 表示随机的拟合结果，说明回归模型对土地利用类型变化过程的解释无明显意义；ROC 为 0.5~1.0 表明土地利用类型变化过程与各影响因子之间存在某种定量关系，具体可通过回归系数反映。ROC 越大，拟合效果越好。通常认为，ROC>0.7 时，所确定的驱动因素具有较好的解释能力，土地利用类型变化过程的概率分布与真实的变化过程的空间分布之间越具有一致性。

在统计分析软件 SPSS 中对每种转变过程和驱动因子的回归分析结果进行 ROC 检验，结果表明，所选取的驱动因子能够对土地利用类型变化过程进行较好解释。其中，除耕地外其他地类的变化过程逻辑回归模型的拟合优度检验的 ROC 均达 0.80 以上，说明所选驱动因子对这 3 种转变过程能够进行准确解释；由耕地变化过程拟合模型的 ROC 亦达 0.75 以上，说明发生耕地变化过程的概率分布与真实转变过程的空间分布之间具有较好的一致性，所得到的回归模型能够较准确地解释土地利用类型变化过程的空间分布特征(表 3-13)。

表 3-13　二分类逻辑回归检验结果

变量	ROC
草地	0.876
耕地	0.778

变量	ROC
林地	0.860
建设用地	0.945
水域	0.983
其他土地	0.853
园地	0.849

3.3.3　土地利用变化预测分析

根据国内外学者相关研究成果,土地利用变化模拟过程常采用 3 期土地利用数据进行定量分析。考虑到星载遥感传感器技术的进步及近年来当地土地资源管理政策的影响,从现有的 5 期土地利用斑块解译数据中选取 2006 年、2010 年和 2014 年数据,利用 CA-Markov 模型对阿克苏灌区未来的土地利用状况进行定量预测模拟。

3.3.3.1　土地利用现状模拟

CA-Markov 模型集成了元胞自动机模型,可从局部演化规则推算空间全局演变规律的特点;同时集成了 Markov 模型,具有对长时间序列数量变化预测的能力。近年来,CA-Markov 模型在土地利用变化模拟研究中已有广泛应用,该模型是目前模拟精度较高的一种非人工智能模拟模型。

1. 模型参数设定

CA-Markov 模型可在 IDRISI 软件的 CA-Markov 模块中运行,需设定多个参数,包括土地利用转移面积、土地利用转移适宜性图集、元胞自动机模型迭代次数及过滤器大小等。

(1)土地利用转移面积。利用 2006~2010 年土地利用变化数据提取模型运行所需的土地利用转移面积矩阵,土地利用转移矩阵可在 IDRISI 软件中通过 Markov 模块生成。将研究初期土地利用分类影像设置为 2006 年土地利用解译数据,研究末期土地利用分类影像设置为 2010 年土地利用解译数据;输出条件概率影像设为 0610;2 期影像间的时间间隔设置为 4,即研究初期与研究末期间隔 4 年;将向前预测时间周期设置为 4;将 0.0 赋给背景元胞,比例误差设为 0.15。所有参数设置完成后即可生成土地利用转移矩阵(表 3-14),该模块同时生成土地利用转移概率矩阵(表 3-15)。Markov 转移面积矩阵表示至设定的预测周期,由现有土地利用类型转移为其他土地利用类型的面积。其中,列代表预测 2014 年的土地利用类型,行代表 2010 年的土地利用类型。Markov 转移概率矩阵表示到设定的预测周期时,由现有土地利用类型转移为预测年份的各种土地利用类型的概率。

表 3-14　2006～2010 年阿克苏灌区土地利用转移面积矩阵　（单位：hm²）

| | | 2014 年 | | | | | | |
		草地	耕地	林地	建设用地	水域	其他土地	园地
2010 年	草地	172512	79761	54101	146	19618	50524	1583
	耕地	51245	4677701	104958	49584	87586	215196	1864495
	林地	29322	346810	2279546	1098	77519	770287	47204
	建设用地	1209	24625	3224	92432	3826	4001	47771
	水域	72320	107880	157294	2827	709439	103708	25317
	其他土地	48783	1041774	571119	38169	178824	7201862	566022
	园地	11493	1192156	33036	44273	23769	40442	1230296

表 3-15　2006～2010 年阿克苏灌区土地利用转移概率矩阵（%）

| | | 2014 年 | | | | | | |
		草地	耕地	林地	建设用地	水域	其他土地	园地
2010 年	草地	45.61	21.09	14.3	0.04	5.19	13.36	0.42
	耕地	0.73	66.34	1.49	0.7	1.24	3.05	26.44
	林地	0.83	9.76	64.18	0.03	2.18	21.69	1.33
	建设用地	0.68	13.91	1.82	52.2	2.16	2.26	26.98
	水域	6.14	9.15	13.34	0.24	60.18	8.8	2.15
	其他土地	0.51	10.8	5.92	0.4	1.85	74.66	5.87
	园地	0.45	46.29	1.28	1.72	0.92	1.57	47.77

(2) 土地利用转移适宜性图集。土地利用转移适宜性图集是由一系列各种土地利用类型的限制条件图层组成的图像集合。该图像集合通常利用多标准评价（multi-criteria evaluation，MCE）模型生成。本章的土地利用转移适宜性图集由 3.3.2.2 节使用二分类逻辑回归模型和各影响因子图层计算。在 MCE 模块中，主要有布尔交集法（boolean intersection）、加权线性组合法（weighted linear combination）和顺序加权平均法（orderd weight average）3 种多准则评价方法。其中，布尔交集法最为常用。采用布尔交集法，在各土地利用类型适宜性图像的生成过程中，各土地利用类型的约束条件即为 3.3.2.2 节中的各影响因子，经过布尔化为布尔图像，即影像由 0 和 1 构成，0 代表不适宜，1 代表适宜。最后将所有准则在 MCE 模块中求交集，即得到各土地利用类型的适宜性图像。土地利用适宜性图像集在集合编辑器（collection editor）中生成。将各土地利用类型的适宜性图像按照土地利用类型编码顺序排列，即生成 IDRISI 软件所需的 rgf 格式的土地利用适宜性图像集。

(3) 元胞自动机模型迭代次数。元胞自动机模型迭代次数是指从研究基期到预测结束的时间间隔。由于 CA-Markov 模型是在 Markov 模型对未来土地利用转移数量和转移概率状况进行预测的基础上对未来土地利用时空变化进行模拟的，因此 CA-Markov 模型的预测时间即为 Markov 模型设定的预测时间，迭代次数则需要设定为预测时间的整数倍。本章所选研究期为 2006 年、2010 年和 2014 年，相邻 2 期之间的间隔为 4 年，因此，考虑到模型运算的时间复杂程度，将迭代次数设置为 4。

(4)过滤器大小。过滤器是 CA-Markov 模型的重要组成部分。元胞的状态变化过程不仅受自身限制条件的影响，且与邻域内各元胞的土地利用状况相关。利用过滤器将一定邻域范围内的元胞状态按距离赋予不同权重因子作用于中心元胞。过滤器越大，考虑的元胞数量越多，数据运算量就越大。通常认为 5×5 的过滤器运行效果较好，即在元胞状态改变过程中，以该元胞为中心 5×5 范围内的其他元胞状态对该元胞状态的改变影响显著。考虑到本章选取的是 30m×30m 空间分辨率的遥感影像，设定滤波器的大小为默认大小，即 5×5。

2. 模拟结果及精度检验

利用上述过程得到对阿克苏灌区 2014 年土地利用状况的模拟结果，将其与 2014 年土地利用现状进行对比，验证模型的模拟精度。

基于 2014 年阿克苏灌区土地利用现状对模型精度进行检验。采用 Python 编程语言，将 2014 年阿克苏灌区土地利用预测结果与 2014 年土地利用现状进行对比发现，林地、草地、耕地和其他土地模拟准确率最高，均达 90%以上；水域、建设用地的模拟精度达 80%以上；园地受人为干扰较为强烈，其准确率为 76.9%。灌区整体模拟精度达 87.2%，参考相关研究成果，该结果与实际状况较为接近，能够较为准确地描述阿克苏灌区近年来土地利用动态变化过程，认为可以用于预测阿克苏灌区未来土地利用状况的研究(表 3-16)。

表 3-16　土地利用模拟结果对比分析

类　型	现状面积/hm²	模拟面积/hm²	面积差/hm²	正确率/%
耕地	692776	641051	−51725	91.9
园地	279700	227267	−52433	76.9
林地	317948	325962	8014	97.5
草地	32788	34533	1745	94.9
建设用地	21795	18471	−3324	82.0
水域	83852	98189	14337	85.4
其他土地	781924	863337	81413	90.6

3.3.3.2　未来土地利用状况预测

在 IDRISI 软件中基于 Markov 模块和 MCE 模块分别生成 2010～2014 年土地

利用转移矩阵和各土地利用类型的适宜性图像集，并将模型迭代次数设置为 8，得到 2018 年阿克苏灌区土地利用状况预测结果。

与 2014 年土地利用现状相比，2018 年阿克苏灌区的草地、水域和其他土地的面积均呈减少趋势；耕地、林地、建设用地和园地的面积增加。需要注意的是，结合 2014～2018 年土地利用转移矩阵分析发现(表 3-17)，各土地利用类型均有转为其他土地类型的情况。结合对当地的广泛地面调查发现，这些转变过程发生的概率较低，主要由数据误差及模型本身的随机误差所致。

表 3-17　2018 年阿克苏灌区土地利用变化转移矩阵　　　　(单位：hm²)

		2018 年						
		草地	耕地	林地	建设用地	水域	其他土地	园地
2014 年	草地	31312	867	227	0	265	57	61
	耕地	247	674677	440	2188	4239	1579	9384
	林地	11	3602	313061	70	469	137	298
	建设用地	0	185	1	21426	53	0	131
	水域	439	2863	2298	13	76206	1656	365
	其他土地	36	5682	2475	348	462	769846	1436
	园地	0	5956	306	3730	282	250	269176

(1)转移变化方面，耕地减少的部分主要转移为建设用地、水域和园地。由前期分析的耕地动态变化规律可知，由耕地转变为建设用地是阿克苏灌区近年来社会经济发展中一种常见的土地利用变化过程。根据上述对耕地变化的驱动力分析，耕地多分布于距离水系较近的区域，因而会随着区域灌溉水资源的供需变化导致一部分耕地面积的变化，这与草地和林地的面积变化规律相似。园地主要转变为耕地。由于已经形成的建设用地再恢复利用难度较大，因而其转移变化较少，与本节的预测结果一致。

(2)新增变化方面，草地新增部分主要由耕地和水域转变而来；耕地则主要由园地、其他土地、水域和林地转入；林地主要由水域和其他土地转变而来；建设用地的增加主要来源于耕地和园地的转移，与建设用地的实际变化规律一致；园地的新增部分主要由耕地和其他土地转变而来，与之前的土地利用动态变化规律分析结果一致。

3.4　小　　结

本章综合利用阿克苏灌区 1998～2014 年的 5 期土地利用遥感解译数据、社会经济、地形地貌、气象和空间距离等数据，从时间差异和空间差异两个方面分析了该时段内阿克苏灌区的土地利用动态变化规律；采用基于空间约束性抽样方法和二分类逻辑回归方法分析了阿克苏灌区主要土地利用类型变化过程的驱动力；运用 CA-Markov 模型对阿克苏灌区 2014 年土地利用状况进行了模拟，并对 2018 年阿克苏灌区土地利用状况进行了预测模拟。

(1) 1998～2014 年，阿克苏灌区草地、林地、其他土地和水域面积呈逐年减少趋势，而耕地、建设用地和园地面积逐年增加。土地利用类型变化最为剧烈的类型为其他土地、耕地和园地。其中，耕地综合变化率较低，是由转入和转出相互抵消后的结果导致；园地变化最为剧烈，不仅大量转出为其他类型，而且更有大量其他类型转入，双向变化均较显著；其他土地虽变化率较高，但主要表现为单向转出。空间变化方面，类型分布越复杂、斑块越小的区域，发生类型变化的概率越大；相反，地类相对单一且面积较大的区域土地利用较为稳定，不易发生类型转变。从整体来看，阿克苏灌区土地利用程度逐年增加，人类经营活动对土地利用变化的影响程度越来越大。阿克苏灌区土地利用正处于发展期，且在人类活动的影响下发展速率逐渐加快。

(2) 在不同类型转变过程的主要驱动力方面，社会经济、地形和交通要素是导致耕地转变为其他类型土地的主要因素；邻域范围内类型之间的相互作用亦不容忽视；乡镇周边、经济较不发达、人口较为密集的地区，对园地的需求较少，导致园地向外转出；与原有建设用地的距离、人口、地形、气候条件以及水系分布是影响建设用地新增变化的主要因素，交通因素的影响作用不显著；与道路距离越远的区域，越容易由其他土地利用类型转变为耕地；而人口越多的地方，转变为耕地的概率就越大；地势平坦、与水系距离近及社会经济不发达的地方，越容易转变为耕地；气候条件较好的地方较容易由其他类型转变为耕地；园地分布与县级交通要素密切相关，交通越发达的地区越便于经济林果的及时运输；年均降水量丰沛、年均气温较高的地区有利于果树的生长，也较容易转变为果园；而果园的经济收益通常高于粮食作物，因此经营果园的区域，人均 GDP 相对较高。

(3) 根据对阿克苏灌区 2018 年土地利用状况预测结果，与 2014 年土地利用现状相比，2018 年阿克苏灌区的草地、水域和其他土地的面积均将呈减少趋势；耕地、林地、建设用地和园地面积将增加。未来 4 年内耕地和园地之间的相互转变仍然是阿克苏灌区的主要土地类型变化过程。由耕地和园地转变为建设用地导致的建设用地面积增加依然将是阿克苏灌区的主要地类变化趋势，对其他土地的开垦是阿克苏灌区可利用土地资源的主要来源。

第4章 阿克苏灌区土地利用空间配置优化

随着城市化和现代农业的快速发展，土地资源的现实需求与计划供应的矛盾日益突出，阿克苏灌区耕地保护的形势更加严峻(王志成 等，2017b)。当前，土地利用/土地覆盖变化领域重点致力于对土地利用变化特征分析、土地利用变化驱动力分析以及土地利用变化模拟预测等方面的研究，并且取得了诸多研究成果(刘纪远 等，2014)。关于如何模拟预测未来土地利用状况并为相关管理部门提供时空优化配置决策支持方面的研究，虽已有一些探索，但是模型、方法繁多，适用范围有限，并且针对阿克苏灌区的研究较少。建立一套适用于阿克苏灌区现状特点的土地利用优化模型或技术体系具有一定现实意义。

土地利用优化配置是指为了达到一定的生态经济最优目标，依据土地的自然特性、派生特性以及土地系统原理，运用科学技术和管理手段，对有限的土地资源在时间和空间尺度上，多层次地进行安排、设计、组合和布局，来提高土地利用效率与综合效益，维持土地生态系统和相对平衡，实现土地资源的可持续利用，其既包括数量结构的优化，也包括空间布局的优化。

土地利用优化配置是针对土地供需矛盾或者土地资源利用效率低下而提出的，通过一定的方法对有限的土地资源进行分配(郭小燕 等，2016)。在平衡各方土地资源需求的过程中，需要遵循一定原则，才能有效地实现社会、经济、生态的可持续发展(傅强 等，2012)。以可持续发展战略为依据，对研究区进行土地利用优化配置，既要满足当下的土地资源需求，也要保证未来的土地需求不受影响，加强区域内土地资源的可持续发展(罗鼎 等，2009)。此外，不同的土地利用类型对环境条件都有一定的适宜性，因此，要结合研究区现有的土地利用结构特征及自身特性制定适宜的优化策略，因地制宜，充分发挥区域内土地资源的利用潜力(史利江 等，2012；杨依天 等，2013)。

通常，在构建土地利用优化配置模型的过程中会考虑社会效益目标、经济效益目标、生态效益目标以及综合效益目标这四种优化目标。其中，社会效益目标是指在优化配置过程中以社会效益最大化为优化目标，这不仅要求土地进行最有效的生产，还要求社会能够最有效地合理分配生产与服务；经济效益目标是指追求土地利用的经济效益最大化，即使用有限的土地资源，以合理的土地利用方式生产出更多的符合市场需求的产品、提供更好的服务。生态环境为人类提供赖以生存的自然条件，任何形式的土地利用方式都将与生态环境产生相互作用，这就要求在对土地资源进行分配的过程中，要充分考虑人与自然的协调，注重优化结果对生态环境的改善。一个科学合理的土地利用优化方案，需要全面协调、科学合理地分配土地资源，以实现社会、经济、生态的综合效益最大化为原则（何英彬等，2013）。由于混合蛙跳算法在土地利用优化配置方面的应用较少（郭小燕 等，2016），同时考虑到运算的复杂性，本章采用生态系统经济价值作为评价指标，以阿克苏灌区的生态效益为目标对研究区的土地利用进行优化配置。

以 Python 语言和 GDAL 地理数据处理库为开发环境，结合土地利用现状数据、土地利用转移适宜性图集以及多项评价指标，对阿克苏灌区未来土地利用状况进行空间结构优化，并结合对未来土地利用状况的预测结果提出阿克苏灌区土地利用结构的优化建议，为相关管理部门提供决策参考。

4.1　研　究　方　法

混合蛙跳算法是受青蛙觅食行为启发而产生的一种新的基于群体行为的协同搜索方法，是一种全新的后启发式群体进化算法。该算法模拟青蛙群体的觅食行为，首先将青蛙种群分为不同的子族群，子族群中每个青蛙个体都有自己的文化，然后依据局部搜索策略进行子族群内部的学习，实现族群内部的文化传播，信息通过局部搜索在个体间得到交换。当子族群进化到一定阶段后，按照混合策略完成局部间的信息交换，继续前面的操作，直到最终达到优化目标。

考虑到计算机的存储和计算性能，将优化尺度设置为 60m，取 60m×60m 的地理栅格 $J_{(i,j,k)}$ 作为空间基本操作单元，称为一个基因，其中 $J_{(i,j,k)}$ 表示行列号为 (i,j) 的土地栅格单元属于第 k 种生态系统类型，$k\in(1,2,\cdots,9,10)$，分别表示灌草丛、旱地、水田、阔叶林、灌木林、居住地、湿地、水系、荒漠、果园这 10 种生态系统类型。每种潜在的优化配置方案对应一只青蛙，每只青蛙由取值为特定生态系统类型的 $m\times n$ 个基因序列组成，m、n 为栅格单元的总行数与总列数。搜索最优青蛙的过程即为寻找最佳优化配置方案的过程。青蛙的优劣由优化模型的适应度函数决定，适应度函数对应于优化问题的目标函数。

4.1.1　优化过程

假设种群中的 h 只青蛙被划分为 r 个族群，每只青蛙属于一个特定的族群。从初始种群开始，每个族群的最差青蛙（innerWorstFrog）总是向族群内最好青蛙（innerBestFrog）或者整个种群的最优青蛙（globalBestFrog）学习，从而不断改善自己的适应度值。每次学习完成后，重新确定族群内下一代最差青蛙、族群内最好青蛙、全局最优青蛙，循环进行同样的学习过程。每个族群经过一定次数的族群内局部迭代之后，所有族群内青蛙的质量整体提高，整个青蛙种群的质量最终得以提高。再对整个种群的青蛙重新分组，并进行族群内局部优化，直至满足全局迭代条件。全局迭代条件通常设定为固定迭代次数、固定适应度值或连续 N 次适应度值的差值小于某个阈值(即收敛于某个优值)。最后，以整个种群的全局最优青蛙作为土地利用优化配置的最终方案。

4.1.2　更新策略

(1)学习策略。学习策略采用随机替换学习区域的方法。选定族群内最好青蛙或者全局最优青蛙作为被学习目标后，随机生成矩形学习区域。如果群组内最好青蛙或全局最优青蛙在该学习区域内的适应度值优于该族群内最差青蛙在相同区域内的适应度值，则用被学习目标的该随机区域替换该族群内最差青蛙的相同区域。

(2)变异策略。如果上述学习随机区域没有更优，则对族群内最差青蛙进行变异操作，随机选取 k 个基因变异为其他基因，为了防止研究区斑块过于破碎，在变异时选择以该变异基因为中心单元 3×3 邻域范围内 8 个基因中出现次数最多的基因类型。

4.1.3　适应度函数

种群中青蛙的质量通过适应度值判断，适应度值由算法中的适应度函数决定，对应土地结构优化模型的目标函数。选取生态效益最大化为优化目标，基于单目标优化方法，采用生态系统服务价值作为评价指标，目标函数 F 为

$$F = \sum_{i=1}^{n} L_i \times A_i \tag{4-1}$$

式中，L_i 为第 i 种土地利用类型的面积(hm^2)；A_i 为第 i 种土地利用类型对应的单位生态系统服务价值。

4.1.4　生态系统服务价值计算

1. 生态系统分类

参考欧阳志云等(2015)提出的基于遥感数据的全国生态系统分类体系，结合研究区的实际情况，将阿克苏灌区生态系统分为 7 个一级类别、10 个二级类别，如表 4-1 所示。

表 4-1　阿克苏灌区生态系统分类

一级分类	二级分类	内容描述
草地	灌草丛	草地
农田	旱地	棉花、小麦、玉米等
	水田	水稻

一级分类	二级分类	内容描述
森林	阔叶	乔木林
	灌木	灌木林
城镇	居住地	建设用地、居民区
湿地	水系	河流
	湿地	湖泊、水库/坑塘水面
荒漠	荒漠	荒漠、戈壁
园地	果园	种植核桃、苹果、枣、葡萄等

2. 生态系统服务

生态系统服务是指通过生态系统的结构、过程和功能直接或间接得到的生命支持产品和服务。参考谢高地的方法，本节将阿克苏灌区生态系统服务分为 4 大类共 11 种服务功能，如表 4-2 所示。

表 4-2　生态服务类型划分

服务类型	功能	描述
供给服务	食物生产	将太阳能转化为能食用的植物和动物产品
	原料生产	将太阳能转化为生物能，为人类提供建筑材料或其他用途
	水资源供给	由各生态系统提供的为居民生活、农业(灌溉)、工业过程等使用的水资源
调节服务	气体调节	生态系统维持大气化学组分平衡，吸收 SO_2、氟化物及氮氧化物
	气候调节	对区域气候的调节作用，如增加降水、降低气温
	净化环境	植被和生物去除和降解多余养分和化合物，滞留灰尘、除污等，包括净化水质和空气等
	水文调节	生态系统截留、吸收和储存降水，调节径流，调蓄洪水、降低旱涝灾害
支持服务	土壤保持	有机质积累及植被根物质和生物在土壤保持中的作用，养分循环和累积
	维持养分循环	对 N、P 等元素与养分的储存、内部循环、处理和获取
	生物多样性	野生动植物基因来源和进化、野生植物和动物栖息地
文化服务	美学景观	具有(潜在)娱乐用途、文化和艺术价值的景观

3. 生态系统服务价值

对生态系统服务价值的估算是生态环境保护、生态功能区划、环境经济核算和生态补偿决策的重要依据和基础。其估算方法主要有基于单位服务功能价格的方法和基于单位面积价值当量因子的方法(胡和兵 等，2013)。基于单位服务功能价格的方法输入参数较多、计算过程复杂，并且其对每种服务价值的评价方法和参数标准难以统一，而基于单位面积价值当量因子的方法相对直观易用、数据需求少。因此，采用基于单位面积价值当量因子的方法核算阿克苏灌区的生态系统服务价值。

4. 标准单位价值量的确定

1个标准单位生态系统服务价值当量因子的价值量是指 $1hm^2$ 全国平均产量的农田每年自然粮食产量的经济价值，以此为参考并结合专家知识，可以确定其他生态系统服务的当量因子。其作用在于可以表征和量化不同类型生态系统对生态服务功能的潜在贡献能力。在实际操作中，完全消除人为因素干扰以准确衡量农田生态系统自然条件下能够提供的粮食产量的经济价值存在较大难度，同时考虑到数据的可获取性，参考谢高地的方法，选取新疆地区 2014 年单位面积农田生态系统粮食生产的净利润作为 1 个标准当量因子的生态系统服务价值量。农田生态系统的粮食产量价值主要依据水稻、小麦和玉米三大粮食主产物计算，公式如下：

$$D = S_r \times F_r + S_w \times F_w + S_c \times F_c \tag{4-2}$$

式中，D 表示 1 个标准当量因子的生态系统服务价值量(元/hm²)；S_r、S_w、S_c 分别表示 2014 年阿克苏灌区水稻、小麦和玉米的播种面积占三种作物播种面积的百分比(%)；F_r、F_w、F_c 分别表示 2014 年阿克苏灌区水稻、小麦和玉米的单位面积平均利润(元/hm²)。相关数据查询《新疆统计年鉴(2015)》《全国农产品成本收益资料汇编(2015)》，利用式(4-2)，可以得到阿克苏灌区 1 个标准当量因子的生态系统服务价值量为 3213 元/hm²。

5. 单位面积生态系统服务功能价值基础当量

单位面积生态系统服务功能价值的基础当量是指不同类型生态系统单位面积上各类服务功能年均价值当量，是核算区域内生态系统服务价值的基础(陈来卿，2012)。以谢高地提出的中国生态系统单位面积生态服务价值当量表为基础，计算得到新疆地区单位面积生态系统服务价值当量(表 4-3)。

表 4-3　新疆地区单位面积生态系统服务价值当量　　　　(单位：元/hm²)

分类		供给服务			调节服务				支持服务			文化服务
一级	二级	食物生产	原料生产	水资源供给	气体调节	气候调节	净化环境	水文调节	土壤保持	维持养分循环	生物多样性	美学景观
农田	旱地	0.49	0.23	0.01	0.39	0.21	0.06	0.16	0.60	0.07	0.08	0.03
	水田	0.79	0.05	-1.53	0.64	0.33	0.10	1.58	0.01	0.11	0.12	0.05
森林	针叶	0.13	0.30	0.16	0.99	2.94	0.86	1.94	1.19	0.09	1.09	0.48
	混交	0.18	0.41	0.21	1.36	4.08	1.15	2.04	1.66	0.13	1.51	0.66
	阔叶	0.17	0.38	0.20	1.26	3.77	1.12	2.75	1.54	0.12	1.40	0.61
	灌木	0.11	0.25	0.13	0.82	2.45	0.74	1.94	1.00	0.08	0.91	0.40

续表

分类		供给服务			调节服务				支持服务			文化服务
一级	二级	食物生产	原料生产	水资源供给	气体调节	气候调节	净化环境	水文调节	土壤保持	维持养分循环	生物多样性	美学景观
草地	草原	0.06	0.08	0.05	0.30	0.78	0.26	0.57	0.36	0.03	0.32	0.15
	灌草丛	0.22	0.32	0.18	1.14	3.02	1.00	2.22	1.39	0.10	1.26	0.56
	草甸	0.13	0.19	0.10	0.66	1.75	0.58	1.28	0.81	0.06	0.74	0.32
湿地	湿地	0.30	0.29	1.50	1.10	2.09	2.09	14.05	1.34	0.10	4.56	2.74
荒漠	荒漠	0.01	0.02	0.01	0.06	0.00	0.18	0.12	0.08	0.01	0.07	0.03
	裸地	0.00	0.00	0.00	0.01	0.00	0.00	0.00	0.01	0.00	0.01	0.01
水域	水系	0.46	0.13	4.81	0.45	1.33	3.22	59.30	0.54	0.04	1.48	1.10
	冰川	0.00	0.00	1.25	0.10	0.31	0.09	4.14	0.00	0.00	0.01	0.05

参考新疆地区单位面积生态系统服务价值当量表，同时结合阿克苏灌区生态系统分类，得到阿克苏灌区单位面积生态系统服务价值。根据欧阳志云等(2015)提出的全国生态系统分类体系，由于乔木园地和灌木园地在空间分布、立地条件和人类干预方式上均与自然的森林和灌丛生态系统存在较大区别，而与农田更为相似。园地属性较为特别，既有农地的属性特征，存在过多的人为干预，又有阔叶林的属性特征，属于乔木园地。考虑到阿克苏灌区园地面积较大，将园地作为单独的一种生态系统类型，通过分配权重的方法同时考虑旱地的属性和阔叶林的属性。根据不同地类提供的生态系统服务类别，除供给服务中的食物生产和原料生产偏向农地的属性外，包括供给服务中的水资源供给在内的园地其他生态系统服务类别均更偏向乔木果园的属性特征。因此，考虑食物生产和原料生产服务按农地的80%、阔叶林的20%计算；其他服务类别按农地的20%、阔叶林的80%计算。

此外，根据生态系统服务当量计算方法、建设用地生态服务价值当量调整方法(胡和兵 等，2013)、生态系统分类方法(欧阳志云 等，2015)，结合研究区的实际情况做出如下调整：居住地简化为由居民区/建设用地、城市绿地(林地)、城市绿地(草坪)、景观水域组成，并假定居民区/建设用地、城市绿地(林地)、城市绿地(草坪)、景观水域的面积比为

$$V=0.9V_{建设用地}+0.045V_{林地}+0.045V_{草坪}+0.01V_{水域} \quad (4-3)$$

由于建设用地不具有食物生产、原料生产功能，因而将建设用地的以上两项功能的价值当量调整为 0；城市绿化(林地)既有乔木林又有灌木林，因而取二者之平均值。

由此计算得到阿克苏灌区不同土地利用类型单位面积生态系统服务价值总量(图 4-1)和不同土地利用类型对应的单位面积生态系统服务价值(表 4-4)。

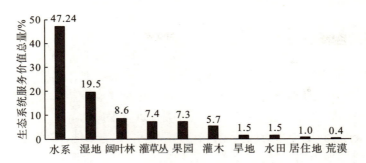

图 4-1 不同土地利用类型生态系统服务价值总量结构

表 4-4 阿克苏灌区单位面积生态系统服务价值表 （单位：元）

分类		供给服务			调节服务				支持服务			文化服务
一级	二级	食物生产	原料生产	水资源供给	气体调节	气候调节	净化环境	水文调节	土壤保持	维持养分循环	生物多样性	美学景观
草地	草原	186	261	149	950	2497	820	1826	1155	93	1044	466
	灌草丛	708	1044	578	3671	9709	3205	7119	4473	335	4063	1789
农田森林	旱地	1584	745	37	1249	671	186	503	1920	224	242	112
	水田	2535	168	4901	2069	1062	317	5069	19	354	391	168
	阔叶林	540	1230	634	4044	12114	3597	8834	4939	373	4491	1975
	灌木	354	801	410	2628	7883	2385	6243	3205	242	2926	1286
城镇湿地	居住地	0	0	193	260	746	322	2430	317	24	321	156
	湿地	950	932	4827	3541	6709	6709	45156	4305	335	14667	8815
	水系	1491	429	15449	1435	4268	10343	190537	1733	130	4752	3522
荒漠	荒漠	19	56	37	205	186	578	391	242	19	224	93
园地	裸地	0	0	0	37	0	186	56	37	0	37	19
	果园	1375	842	514	3485	9825	2915	7167	4335	343	3642	1603
草地	草原	186	261	149	950	2497	820	1826	1155	93	1044	466
	灌草丛	708	1044	578	3671	9709	3205	7119	4473	335	4063	1789

4.2 数据收集与处理

工作流程主要分为三个部分。①数据准备：收集整理研究区的多时相土地利用数据、行政区划数据、地形地貌数据、气象数据以及社会经济统计数据。②数据建库：将各类数据进行整理、格式转换，然后数据入库。③数据分析与统计：利用现有数据对研究区土地利用动态变化特征、驱动力及驱动机制进行分析，并对未来土地利用状况进行模拟和土地利用结构优化分析。

4.2.1　获取空间数据

根据表 4-1 将阿克苏灌区生态系统分成 7 个一级类别、10 个二级类别。由于在研究过程中以二级类别为研究对象可以更清楚地了解阿克苏灌区生态系统的空间分布和结构状况，因此，本节只对二级类别进行编码。

编码与土地利用类型对应关系：1 为灌草丛，2 为旱地，3 为水田，4 为阔叶林，5 为灌木，6 为居住地，7 为湿地，8 为水系，9 为荒漠，10 为果园。在进行空间数据结构设计时，每种潜在的土地利用布局方案均以二维数组的形式存在，可以直接使用这些二维数组进行属性运算，但是影像中的空值像元在数组中无法标识为 Nodata，因此，这些区域以 0 表示。数据结构形式如图 4-2 所示。

0	7	9
3	5	2
1	2	8

图 4-2　土地利用类型数据结构示意图

图 4-2 表示 1 个像元的 3 邻域范围，每个单元都可以表示 1 种土地利用类型。其中，中心像元值为 5，表示该像元为灌木；第一个像元值为 0，表示该像元不在研究区范围内(空值)，在计算过程中不予考虑。

4.2.2　确定优化模型参数

设置初始种群中青蛙的数量为 h，青蛙种群的族群个数为 r，族群内青蛙的数量为 g，族群内迭代次数为 innerMax，全局迭代次数为 globalMax 以及变异策略中变异的基因个数为 v。

4.2.3　种群初始化

种群初始化的目的是产生初始青蛙种群。每只青蛙代表一种可能的土地利用配置方案。理论上，初始青蛙种群的产生是完全随机的，但为了避免初始种群偏离 2014 年的现状过多，基于 Python 的 GDAL 库，以 2014 年的土地利用现状为基础，根据算法的变异策略随机生成 h 只青蛙作为初始青蛙种群。

4.2.4　排序分组及族群内局部优化

将种群中的 h 只青蛙按照适应度值升序排列，青蛙的适应度值由适应度函数计算得到。将整个种群划分为 r 个族群，每个族群包含 g 只青蛙，并满足 $h=r\times g$。通常分组策略有两种：一种是等间隔划分，即第 1～g 只青蛙为第 1 个族群，第 $(g+1)$～$2g$ 只青蛙为第 2 个族群，依此类推，将整个种群划分为 r 个族群；第二种是将第 1 只青蛙划分至第 1 个族群中，第 2 只青蛙划分至第 2 个族群中，依此类推，第 r 只青蛙划分至第 r 个族群中，将第 $r+1$ 只青蛙划分至第 1 个族群中，第 $r+2$ 只青蛙划分至第 2 个族群中，依此类推，第 $r+r$ 只青蛙划分至第 r 个族群中，直至将 h 只青蛙划分至 r 个族群中。本次采用第一种划分方法对整个种群进行分组。

分组完成后，确定每个族群中的最优青蛙、最差青蛙以及整个种群的最优青蛙。首先以族群内的最差青蛙作为学习对象，以族群内的最优青蛙作为被学习目标，按照 4.1.2 节中的学习策略进行学习。如果被学习区域的适应度值优于学习对象该区域的适应度值，则以整个种群的最优青蛙作为被学习目标重新进行学习；如果被学习区域的适应度值不优于学习对象该区域的适应度值，则对该族群内的最差青蛙按照变异策略进行变异，直至达到族群内局部学习次数 innerMax 后结束学习和变异。

4.2.5　全局优化

当每个族群完成 innerMax 次学习后，将所有族群内的青蛙合并、重新排序、再分组，重新进行族群内局部优化过程，从而使每个族群内青蛙的基因信息得到全局交换。当进行 globalMax 次全局学习之后，算法运行结束，输出整个种群的最优青蛙作为最终优化结果。

4.2.6　约束条件

在使用混合蛙跳算法对土地利用状况进行优化配置的过程中，考虑到阿克苏灌区的实际情况，结合当地的相关农业、林业管理政策，发现个别生态系统类型之间的相互转变存在限制条件。因此，需设定约束条件，不允许以下生态系统类型之间的转变：居住地转变为其他生态系统类型，其他生态系统类型转变为荒漠，灌草丛转变为旱地或水田，阔叶转变为其他生态系统类型。

4.3　结果与分析

4.3.1　基于基本算法的优化配置

4.3.1.1　基本参数的确定

混合蛙跳算法涉及的参数主要包括：初始种群规模(即种群中的青蛙总数)、种群中子族群的个数(即种群青蛙的分组数)、各子族群中的青蛙只数(即每组中的青蛙数量)、全局学习次数(即算法总的迭代次数)、组内学习次数(即组内学习算法的迭代次数)。

种群规模越大,学习算法的复杂度就越大,不仅耗时长,而且计算机存储消耗大,亦将在一定程度上影响算法的收敛速度。因此,设置种群规模为 20 只青蛙,即通过对 20 种潜在的土地利用布局方案进行优化,得到全局最优配置方案。其中,子族群个数为 5,每个子族群中有 4 只青蛙,全局学习 2000 次,每次学习过程中组内学习 5 次。

通常,算法终止条件的设置除了设置全局迭代次数外,还可设定适应度改善阈值,为尽量提高算法的运算效率,设定全局最优青蛙的生态系统服务价值提升 2.0 亿元即停止运算。

4.3.1.2　算法求解步骤(图 4-3)

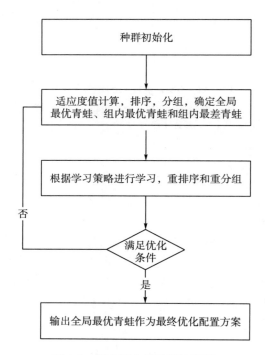

图 4-3　基本混合蛙跳算法流程

步骤 1:根据 2014 年阿克苏灌区生态系统分类数据,初始化青蛙种群。

步骤 2:计算种群中每只青蛙的适应度值,对其进行排序、分组,并确定全局最优青蛙以及每组的组内最优青蛙和组内最差青蛙。

步骤 3:根据学习策略,进行全局学习和组内学习,并对每次全局学习的结果按适应度值进行排序和重新分组。

步骤 4：判断是否满足终止条件(一般取函数适应度值变化阈值小于 10^{-6}、满足最大迭代次数或适应度值提升 2.0 亿元)，如果满足，则转至步骤 5；否则返回步骤 2。

步骤 5：输出全局最优青蛙作为最终优化配置方案。

4.3.1.3　研究区土地利用优化配置结果

2014 年，由阿克苏灌区土地利用现状所产生的生态系统服务价值计算结果为 469.4721 亿元；由该现状生成的初始种群中，全局最优青蛙的适应度值为 469.4761 亿元，全局最差青蛙的适应度值为 469.4721 亿元，可以看出初始种群并未偏离实际，符合要求。

按照设定的参数运行算法，优化过程如图 4-4 所示。由图可以看出，算法在运行 200 次之前，保持较高的优化效率，全局最优青蛙的质量不断提高；在 200 次之后开始出现多次局部收敛；在 700 次之后算法基本收敛，全局最优青蛙质量基本收敛于 469.8379 亿元，优化量为 0.3658 亿元。

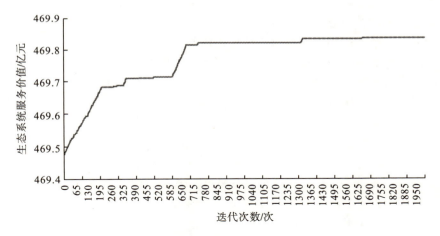

图 4-4　基于基本算法的全局优化过程

4.3.2　基于改进算法的优化配置

由上述基本混合蛙跳算法的分析过程可以看出，与其他智能算法相似，基本混合蛙跳算法易收敛至局部最优，在对阿克苏灌区土地利用优化配置时效果不够理想。为了提高算法的性能，本节借鉴赵鹏军的思想对基本混合蛙跳算法进行改进。对算法的学习策略进行改善，有利于算法寻优。改进后的混合蛙跳算法将克服基本算法易陷入局部最优以及优化质量不高的缺点。

4.3.2.1　改进策略

在基本混合蛙跳算法的学习策略中，仅仅选取组内最优青蛙和全局最优青蛙作为学习对象。虽然每次全局学习结束后都对种群进行重排序和重分组以实现种群信息的传递和交换，但没有充分反映群体的智能行为，因而会影响算法的收敛性能。对于每一个族群来说，族群中所有青蛙的状态都将会对族群中的最差青蛙产生一定影响，族群内最优青蛙虽然整体适应度值最优，但在随机生成的学习区域内的适应度值并不一定最优，这样族群内最差青蛙在学习过程中每次都不一定是向最优区域学习，这就会导致整体质量的提升缓慢。同理，向全局最优青蛙学习的过程亦会出现上述问题。在基本算法的变异策略中，每次变异的结果并没有控制，这就导致变异可能产生两种方向：一种是变异结果更优，另一种是变异结果更差。族群中最差青蛙的质量和整个种群的平均质量将影响优化的收敛性，并可能导致 4.3.1.3 节所示收敛到局部最优的现象发生。

为了充分利用群体中的有利信息改进算法，在保持基本算法其他步骤不变的基础上，对混合蛙跳算法的学习策略和变异策略进行局部修正，如下给出基本混合蛙跳算法的两个改进策略。

策略 1：改进后的混合蛙跳算法在组内学习阶段，首先随机生成学习区域，然后从组内所有青蛙中挑选最优的被学习区域。如果该被学习区域优于该组内最差青蛙的学习区域，则使用该区域进行替换，否则进行全局学习；在全局学习阶段，随机生成学习区域后，挑选整个种群中最优的被学习区域，如果该区域优于该组内最差青蛙的相同区域，则使用该区域替换最差青蛙的相同区域，否则进行变异。改进后的混合蛙跳算法既拥有混合蛙跳算法的优点，同时在一定程度上充分利用了系统内部的有利信息，全面提高了整个种群的平均水平。

策略 2：为进一步提高算法的寻优性能，避免出现过早收敛于局部最优以及优化质量不高，对策略 1 做进一步改进。在组内最差青蛙向组内最优青蛙和全局最优青蛙都学习失败后，按照算法的变异策略进行变异，对变异结果进行检查，如果变异结果优于原始的组内最差青蛙，则使用变异结果替换原始组内最差青蛙，否则，保持该组内最差青蛙不变，以待全局信息交换之后，再寻求优化机会。上述改进可以保证最差青蛙的质量不会退化，整个种群的质量也不会退化，从而避免了种群质量的降低带来的过早收敛现象。

4.3.2.2　改进算法求解步骤

步骤 1：使用与基本混合蛙跳算法相同的初始青蛙种群。

步骤 2：计算种群中每只青蛙的适应度值，对其进行排序、分组，并确定全局最优青蛙以及每组的组内最优青蛙和组内最差青蛙。

步骤 3：按照改进的学习策略进行全局学习和组内学习，并对每次全局学习的结果进行排序和重新分组。

步骤 4：判断是否满足终止条件 (取函数适应度值变化阈值小于 10^{-6}、满足最大的迭代次数或适应度值提升 2.0 亿元)，如果满足，则转至步骤 5；否则返回步骤 2。

步骤 5：输出全局最优青蛙作为最终优化配置方案。

4.3.2.3 研究区土地利用优化配置结果

利用改进的混合蛙跳算法对阿克苏灌区土地利用进行优化配置，得到阿克苏灌区土地利用优化配置结果。

1. 优化过程分析

如图 4-5 所示，改进的混合蛙跳算法与基本混合蛙跳算法相比，在优化前期，基本混合蛙跳算法性能稍优于改进的混合蛙跳算法。但在算法运行约 350 次之后，基本混合蛙跳算法已趋于平缓并开始收敛至局部最优值；而改进的混合蛙跳算法只在部分阶段出现局部收敛，但都很快恢复优化，且改进的算法直到达到全局迭代次数 (2000 次) 都保持较高的优化效率。由此可以看出，改进的混合蛙跳算法不仅在优化效率上优于基本混合蛙跳算法，而且有效避免了算法出现过早收敛的现象，在全局学习次数达到 2000 次时，改进的混合蛙跳算法得到了更高的适应度值，在土地利用优化配置方面表现出较强优势。

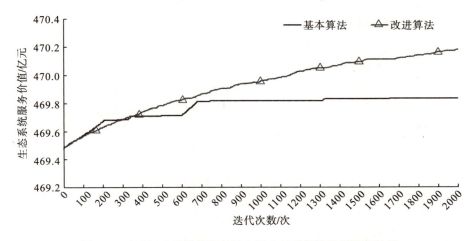

图 4-5 改进混合蛙跳算法与基本混合蛙跳算法运行过程比较

2. 优化结果分析

统计分析得到改进算法优化后研究区的土地利用数量结构，如表 4-5 所示。优化之后，荒漠依然是研究区的主要生态系统类型，旱地、果园和阔叶这 3 种生态系统类型所占面积比例也较大，构成灌区内的主要生态系统结构，其他生态系统类型所占比例都较小。

表 4-5　优化后土地利用结构统计

类 型	像元数量/个	面积/hm²	比例/%
荒漠	2171650	781794.0	35.4
旱地	1809298	651347.3	29.5
果园	777420	279871.2	12.7
阔叶林	705429	253954.4	11.5
灌木	177862	64030.3	2.9
水系	161905	58285.8	2.6
水田	115495	41578.2	1.9
灌草丛	94815	34133.4	1.5
湿地	71286	25663.0	1.2
居住地	55915	20129.4	0.9

　　经优化前后对比发现（表 4-6、表 4-7 和表 4-8），除单位面积生态系统服务价值量较小的建设用地和荒漠的面积需要减少，水田等高耗水的生态系统类型也需要减少种植面积。阿克苏灌区虽然有托什干河、昆马力克河、阿克苏河以及塔里木河上游作为主要的水源供给，但可用的灌溉水资源数量有限；同时，灌区灌溉面积大，灌溉水资源需求多，要充分利用有限的水资源满足灌区灌溉用水以及居民生活用水和工业用水，还存在较大难度。按照当地水利部门的最新政策，灌区供水策略已经由原来的"以需定供"转变为"以供定需"，以应对频繁发生的春旱以及局部紧急供水需求。诸如水田这类高耗水量生态系统类型的减少也契合当地的最新水资源管理政策，有利于当地水资源的合理分配。

表 4-6　优化前后土地利用转移矩阵　　　　　　　　　　　（单位：hm²）

		优化后									
		灌草丛	旱地	水田	阔叶	灌木	居住地	湿地	水系	荒漠	果园
优化前	灌草丛	32782	0	0	1	0	0	2	4	0	0
	旱地	10	650868	11	47	13	3	4	30	0	206
	水田	1	37	41507	1	1	1	1	10	0	27
	阔叶	0	0	0	253892	0	0	4	13	0	1
	灌木	0	3	1	0	64010	0	1	14	0	9
	居住地	1339	289	50	3	0	20114	0	0	0	1

续表

		优化后									
		灌草丛	旱地	水田	阔叶	灌木	居住地	湿地	水系	荒漠	果园
优化前	湿地	0	1	0	0	0	0	25650	1	0	0
	水系	0	3	0	0	0	3	0	58188	0	5
	荒漠	1	59	1	9	2	0	1	16	781794	41
	果园	0	88	8	1	4	9	0	10	0	279580

表 4-8　土地利用结构对照表　　　　　　（单位：hm²）

类　型	优化前	优化后	面积差
灌草丛	32789	34133	1344
旱地	651192	651348	156
水田	41586	41578	-8
阔叶林	253910	253954	44
灌木	64038	64030	-8
居住地	21796	20130	-1666
湿地	25652	25663	11
水系	58199	58286	87
荒漠	781924	781794	-130
果园	279700	279870	170

此外，灌草丛、旱地、阔叶林、湿地、水系、果园这 6 种生态系统类型的面积均增加。其中，旱地主要包括棉花、小麦、玉米等粮油作物，这些都是确保粮食供给的根本，根据国家"18 亿亩耕地红线"以及当地相关农业发展政策的要求，这一变化也符合相关政策要求；核桃、苹果、大枣、葡萄等当地特色经济林也是当地鼓励发展的林果产业，为当地的经济发展做出了较大贡献。因而，果园面积的增加也是当地相关政策鼓励下的发展趋势。而灌草丛、阔叶林、湿地和水系这些单位面积生态系统服务价值较高的生态系统类型，为保障灌区内生态系统的稳定与健康发展发挥了至关重要的作用，其面积的增加不仅有助于更好地调节气候、净化环境、保持水土，降低土地沙化、荒漠化风险，同时亦能为当地的生物多样性做出重要贡献，尤其是湿地和水系这两种涵养水源是调节水文作用的生态系统类型。

4.4　小　　结

针对当前阿克苏灌区土地资源供需矛盾和土地不合理利用的现象，本章以土地利用优化配置的相关理论为基础，使用改进的混合蛙跳算法对阿克苏灌区的土地利用状况进行优化，通过结合 2014 年的土地利用现状以及当地相关发展政策，证明了该算法的有效性和优化结果的合理性，最后得到阿克苏灌区的土地利用优化配置方案，以辅助相关管理部门进行宏观决策(表 4-8)。

　　根据混合蛙跳算法的优化结果，单位面积生态系统服务价值量较小的水田、建设用地和荒漠的面积需要减少；灌草丛、旱地、阔叶林、湿地、水系、果园这 6 种生态系统类型的面积均需增加。由优化结果与预测变化趋势对比可以看出，与优化结果相比，阿克苏灌区土地利用变化趋势存在不合理之处。其中，草地面积需要增加，应避免对灌区范围内草地类型的占用，尽量控制草地的转移变化；水域作为灌区内一种重要的类型，为灌区提供丰富的水资源，应保护水域的面积不受侵占，以保障灌区内重要的工业和农业需水来源。

　　需要注意的是，选取单目标混合蛙跳算法作为优化模型，虽较以往研究在算法上具有一定创新，但土地利用优化配置是一个多学科交叉的复杂系统优化问题，采用该方法具有一定挑战性。①混合蛙跳算法提出较晚，虽然在其他领域已有初步研究，但在土地利用优化领域研究较少，尚处于不成熟阶段，在种群初始化、种群参数设置合理性等方面还有待进一步改进，以保证其优化效率与科学的全局收敛性；②土地利用优化配置作为一种复杂系统优化问题，涉及多方面内容，本章只以生态系统服务价值作为评价指标，以生态效益最大化为优化目标进行了探讨，还需要进一步采用多目标评价方法开展综合效益最大化的研究，以提供更加科学合理的土地利用布局方案；③考虑到数据可获取性、运算效率及研究方法的可行性，本章将研究尺度设定为 60m，在无法获取实测数据的情况下，后续研究中还需要开展多尺度解译研究。

第5章 阿克苏河流域 SWAT 径流模拟

阿克苏河流域位于我国西北干旱地带，该流域北部山区高山带的冰雪融水以及中低山带的大气降水是流域径流的主要来源（王国亚 等，2008）。在人类活动不断加剧和气候频繁变化的共同作用下，阿克苏河流域内水资源匮乏、土地荒漠化加剧、生物资源多样性锐减等问题已十分严峻（段建军 等，2009）。作为塔里木河关键的补给来源，阿克苏河的水文径流变化与其本身及整个塔里木河流域的自然和社会经济的稳定健康发展息息相关（刘新华 等，2012）。研究并构建准确的阿克苏河流域水文模型，深入剖析阿克苏河流域的生态水文循环过程，探索研究不同的气候变化对流域水文径流变化的响应机制，能够为今后阿克苏河流域生态水文资源的科学规划、提高水资源开发使用效率及维持生态平衡提供科学依据和理论支撑。本章选取阿克苏河流域为研究区，利用 SWAT 水文模型，预测估算基于时间序列的阿克苏河流域水文径流量，旨在衡量模型在该流域的适用性及能力，进而分析 25 种不同气候变化情景下阿克苏河流域生态水文径流变化的动态响应机制，可为当地水资源管理部门在水资源时空配置方面提供重要的数量化模型及数据支撑。

5.1 研 究 方 法

5.1.1 SWAT 模型原理与构架

SWAT 模型运算效率高、适用性强，能够进行长时间序列的连续动态模拟（郝芳华 等，2006），于 20 世纪 90 年代由美国农业部（United States Department of Agriculture，USDA）农业研究中心（Agricultural Research Service，ARS）的 Jeff Arnold 博士根据 SWRBB（simulator for water resources in rural basins，农村流域水资源模拟系统）模型研制而成（Srinivasan et al.，1998）。SWAT 模型克服了 SWRBB 模型存储空间大、输入输出文件复杂及亚流域模拟数量限制等缺点，并融合了 ROTO 模型（routing output to outlet，路由输出到出口）、定量美国土壤侵蚀及控制成本的 EPIC 模型（environmental impact policy climate，环境政策综合气候模型）和评价农场尺度管理决策对水质影响的 GLEAMS 模型（groundwater loading effects of agricultural management systems，农业管理系统的地下水负荷效应）等优点。

SWAT 模型物理学基础深厚，既可以同时计算数百个子流域，亦可在日、月、年 3 种时间尺度上切换模拟流域的径流变化趋势、河道演算输移损失、泥沙含量、氮磷等化学营养物质量的变化等生态水文循环过程，并可在输入数据缺失的地区进行估算和模拟。作为生态水资源合理规划配置中的一项重要工具，SWAT 模型已在世界诸多国家的水文评价及农业管理方面得到了广泛应用。

5.1.1.1 SWAT 模型原理

SWAT 模型的水文循环过程如图 5-1 所示。

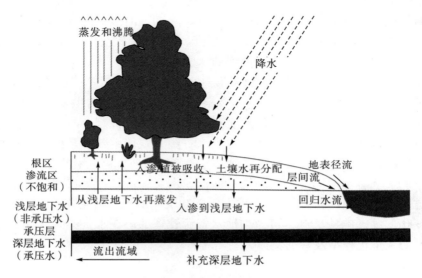

图 5-1 SWAT 水文循环过程

过程子模型作为 SWAT 模型中一个重要的组成部分，由产流、汇流的陆地阶段和化学物质的演算阶段组成。

1. 水文循环的陆地阶段

水文循环的陆地阶段总体上涉及气候、水文、泥沙沉积迁移、土壤温度、植被生长、氮磷等营养物质等部分(郝芳华 等，2006)。

(1)气候。模型需要输入的气候变量包括：降水量、气温、风速、相对湿度和太阳辐射等。以上变量均以日为时间尺度。模型可直接使用输入气候的观测资料，也可通过天气发生器对缺失资料进行估算后运行。

(2)水文。水文过程主要包括：降水、下渗、壤中流、蒸发和蒸腾、地表径流、地下径流、河道支流和输送损失等。模型在运算过程中所依据的水量平衡方程如下：

$$SW_t = SW_0 + \sum_{i=1}^{t} (R_{day} - Q_{surf} - E_a - W_{seep} - Q_{gw}) \qquad (5\text{-}1)$$

式中，SW_t 为土壤总含水量（mm），SW_0 为第 i 天的土壤含水量（mm），t 为时间（d），R_{day} 为第 i 天的大气降水量（mm），Q_{surf} 为第 i 天的地表径流量（mm），E_a 为第 i 天的蒸腾散发量（mm），W_{seep} 为第 i 天土壤剖面最底部的渗透量与侧流量的和（mm），Q_{gw} 为第 i 天的地下水含量（mm）。

（3）土地利用/植被生长。SWAT 模型中镶嵌有某种单一植被生长模型，该模型可区分一年生植物与多年生植物，以此实现对流域内所有类型植被覆盖的模拟。植被覆盖在某种程度上影响降水的再分配过程，从而影响流域内产流、产沙及污染物的迁移过程。植被生长模型可对植物根层水分和营养成分的迁移、蒸发、生物量及农业产量进行相应估量与评价。

（4）侵蚀。降水强弱是影响土壤侵蚀发生强度及荒漠化程度的关键因素。以 MUSLE（modified universal soil loss equation，修正的通用土壤流失方程）模型替代 USLE（universal soil loss equation，通用土壤流失方程）模型来推测每个水文响应单元（hydrologic research unit，HRU）的土壤侵蚀量和泥沙量。USLE 方程通过降水量估算土壤的侵蚀程度，而改进后的 MUSLE 模型则以径流量为指标估算流域土壤的侵蚀量和泥沙量，不仅推动了模型模拟效果的提升，并将模型适用范围扩大至单次暴雨事件。修正后的 MUSLE 模型表达式为

$$M_{sed} = 11.8 \times (Q_{surf} \times q_{peak} \times A_{hru})^{0.56} \times K_{USLE} \times C_{USLE} \times P_{USLE} \times LS_{USLE} \times CFRG \qquad (5\text{-}2)$$

式中，M_{sed} 为土壤侵蚀量（t），Q_{surf} 为地表径流（mm/h），q_{peak} 为流量的最大值（m³/s），A_{hru} 为 HRU 的面积（hm²），K_{USLE} 为土壤可蚀性因子，C_{USLE} 为植被和作物管理因子，P_{USLE} 为保持措施因子，LS_{USLE} 为坡度坡长等地形因子，CFRG 为粗碎屑因子。

（5）营养物质。SWAT 模型能够对多种形态氮和磷的运动及转换进行模拟。土壤中，氮和磷从一种形态向另一种形态的过渡均受到彼此之间的相互作用。植物吸收利用氮元素的能力通过供求平衡的方式进行衡量。地表径流、层间流及渗透流中有机物分解氧化形成的硝态氮含量通过水量和平衡浓度来估计。流域径流中有机氮的流失量通过载荷函数计算，该函数根据土壤表层的有机氮浓度、径流泥沙量和富集程度等因素计算得到。植物吸收利用磷元素的能力同样通过供求方法估测。径流中可溶性磷的流失量则通过载荷函数中土壤溶解态磷浓度、径流量和分配系数等因素估算。

（6）土壤温度。基本的土壤温度方程为

$$t(z,d) = \bar{t} + \frac{AM}{2} \exp\left(\frac{-z}{DD}\right) \cos\left[\frac{2\pi}{365}(d-200) - \frac{z}{DD}\right] \qquad (5\text{-}3)$$

式中，t 为日均土壤温度（℃），$\bar{t}$ 为年均气温（℃），AM 为日均温波振幅（℃），z 为距离表层土的深度（mm），DD 为土壤的衰减深度（mm），d 为天数（d）。

2. 水文循环的演算阶段

（1）主河道中的演算。模型为主河道水流演算提供了两种方法，即变动存储系数法和马斯京根法（Muskingum）。流量和平均流速采用曼宁公式（Srinivasan et al.，1998）推算得出，河道出流量根据蒸发量、河道直度、传输损失、回流等因素进行计算；泥沙含量的演算包括沉积和降解2个过程，其中沉积过程又可分为河道、河滩两部分，根据颗粒物的沉降速度实现对沉积量的估算。泥沙降解过程主要发生在河道内，通过 Bagnold 提出的河流功率公式计算。此外，还需考虑营养物和农药在河道水流过程中的降解和输移。

（2）水库演算。水库内的水量循环过程大致涵盖了出/入流、大气降水、蒸散发、径流回流、底部渗流等部分。对于水库出流的计算，模型提供了两种估算方法：读入出流量的实测值，其他水文过程通过模型模拟得到；对于容量面积较小的水库，在水量大于标准容量前提下，通过某种固定的释放速率对出流量进行衡量。水库入流的泥沙沉积量采用修正后的 MUSLE 方程进行估计，水流泥沙沉积量通过出流水量与沉积颗粒物的浓度相乘（Santhi et al.，2006）得到。对于其他营养物质及农药等的演算，在假设水库内所有颗粒物均匀分布的前提下，通过 Thomann 和 Mueller 提出的磷平衡函数进行评估。

5.1.1.2　SWAT 模型积/融雪模拟原理

SWAT 模型基于不同的日平均气温自动将降水划分为降雨、冻雨和冻雪三种不同的形式（李慧，2010）。临界温度作为划分依据，其值需参考研究区的实际状况来设定。当日平均气温低于临界温度时，降水会变成降雪，雪水量应增加至积雪上。针对积雪和融雪的过程，SWAT 模型通过各自对应的能量平衡函数模拟估算（黄清华 等，2004）。

1. 积雪

积雪能量平衡方程为

$$SNO_2 = SNO_1 + R_{day} - E_{sub} - SNO_{mlt} \tag{5-4}$$

式中，SNO_2 为总积雪含水量（mm），SNO_1 为计算日积雪的含水量（mm），R_{day} 为计算日的大气降水量（mm）（仅当临界温度高于日平均气温时成立），E_{sub} 为计算日的雪升华量（mm），SNO_{mlt} 为计算日的融雪量（mm）。

由于受到地形、太阳辐射、风速等相关因素的共同作用，积雪在各个流域内表现为无规则的分布状态。由于流域积雪量与积雪覆盖的面积具有某种特定关系，SWAT 模型通过一条面积减少曲线描绘积雪深度与积雪覆盖面积之间存在的定量关系。用户需要基于研究区的实际情况对雪深阈值进行估算，当雪深超过阈值最大值时，积雪则会遍布覆盖整个流域；反之，积雪则根据区域面积减少曲线的程

度相应减少，但并不表现为线性相关。面积减少曲线表达式为

$$SNO_{cov} = \frac{SNO}{SNO_{100}}\left[\frac{SNO}{SNO_{100}} + \exp\left(cov_1 - cov_2\frac{SNO}{SNO_{100}}\right)\right]^{-1} \quad (5-5)$$

式中，SNO_{cov} 为 HRU 的积雪覆盖率，SNO 为模拟的日降雪的含水量(mm)，SNO_{100} 为区域被积雪完全覆盖时积雪的深度(mm)，cov_1 和 cov_2 分别为区域被积雪覆盖了 95% 和 50% 时相应的面积。仅当积雪量在 0～SNO_{100} 时，才受到面积减少曲线的影响，才使用该曲线计算积雪覆盖率。

2. 融雪

在 SWAT 模型融雪模块中，融雪过程主要受气温、积雪覆盖范围、积雪温度及融雪速率等因素影响。融雪能量平衡方程为

$$SNO_{mlt} = b_{mlt}SNO_{cov}\left[\frac{T_{snow} + T_{mx}}{2} - T_{mlt}\right] \quad (5-6)$$

式中，SNO_{mlt} 为模拟日的融雪量(m/d)，b_{mlt} 为模拟日的融雪因子[mm/(d·℃)]，T_{snow} 为模拟日的积雪温度(℃)，T_{max} 为模拟日的最高气温(℃)，T_{mlt} 为融雪的临界温度(℃)。

融雪因子计算公式为

$$b_{mlt} = \frac{b_{mlt6} + b_{mlt12}}{2} + \frac{b_{mlt6} - b_{mlt12}}{2}\sin\left[\frac{2\pi}{365}(d_n - 81)\right] \quad (5-7)$$

式中，b_{mlt} 为模拟日的融雪因子[mm/(d·℃)]，b_{mlt6} 为 6 月 21 日的融雪因子[mm/(d·℃)]，b_{mlt12} 为 12 月 21 日的融雪因子[mm/(d·℃)]，d_n 为模拟日所在的天数(d)。

积雪温度计算公式为

$$T_{snow(d_n)} = T_{snow(d_n-1)}\cdot(1-\lambda_{sno}) + \overline{T}_{av}\cdot\lambda_{sno} \quad (5-8)$$

式中，$T_{snow(d_n)}$ 为模拟日的积雪温度(℃)，$T_{snow(d_n-1)}$ 为模拟日前一天的积雪温度(℃)，λ_{sno} 为积雪温度滞后因子，$\overline{T}_{av}$ 为模拟日的平均气温(℃)。

5.1.1.3　SWAT 模型构架

SWAT 水文模型可以在日、月、年 3 种不同的时间尺度上长时间段连续模拟生态水文循环过程。该模型可分为：水文过程子模型、土壤侵蚀模型和污染负荷模型 3 个部分。本章着重研究的水文过程子模型又包括：气候、水文、泥沙沉积迁移、土壤温度、植被生长、氮磷等营养物质等。

SWAT 模型系统庞大，结构繁杂，已发展为由 701 个数学方程和 1013 个数学变量组成的模型体系，描述了从最初降水到最终径流形成的各个过程，其构架如图 5-2 所示。

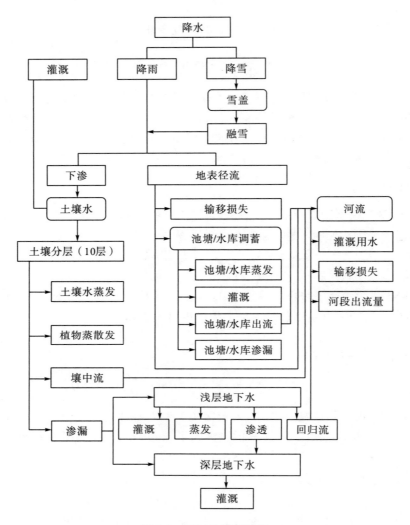

图 5-2　SWAT 模型构架

5.1.2　研究步骤

(1)数据收集与数据库的建立。收集阿克苏河流域 DEM 数据、土地利用、土壤类型、水文监测和气象观测数据等相关基础资料，建立在阿克苏河流域特定适用的 SWAT 模型所需要的基础空间、属性数据库。整理、计算收集到的水文监测数据及气象观测数据，经汇总分类得到多年平均月最高和最低气温、多年平均月最高和最低气温标准差、日太阳辐射、月均风速、月均降水量、月均降水量标准差、月降水偏态系数、月均降水日数、月均露点温度等参数。

(2)子流域分割与 HRU 划分。根据 DEM 数据设定子流域最小面积阈值，利用 SWAT 模型的"流域分割"模块生成河网和流域出水口，基于该出口划分流域并提取河网有关参数数据，计算子流域数据特征信息。利用 Multiple HRUs 法划分 HRU，将研究区的土地利用分布数据、土壤类型分布数据及相应的索引表输入 SWAT 模型，按照模型设定标准对土地利用和土壤数据进行重分类。对坡度数据进行分级，将 3 种数据进行叠加计算，设置土地利用、土壤和坡度分级占所在子流域面积百分比或面积百分比阈值，最终确定 HRU 划分。

（3）参数敏感性分析。参数敏感性分析是确保 SWAT 模型最终输出结果与实测值更加贴近的重要过程。通过 SWAT-CUP 程序自带的 SUFI2 算法评估有关参数的敏感性，根据判定模拟结果对每个参数微小变化的敏感度，挑选出与模型输出结果相关性较大的参数，即敏感性参数。该算法采用拉丁超立方体抽样法（Latin-Hypercube），在保证每个参数在所有空间内可被随机精确抽样的基础上，清晰判断哪个输入参数的变化影响模型的输出变化，减少率定参数的个数和模型运行时间，提高模型的可用性和模拟的效率。结合大量参考文献及模型用户的经验，最终挑选对阿克苏河流域模拟结果干扰性最强的敏感参数。

（4）模型校准与验证。模型校准是将实际径流量与模拟结果进行比较，逐次调整模型参数、初始和边界条件及限制条件，令模拟结果与实测数据更加吻合。模型验证是基于率定后的参数，选择不用于校准数据的实测数据与模拟结果进行综合对比分析，对模型在研究区的适宜性进行评价验证。基于拉丁超立方体抽样法筛选结果，参考相关文献调整敏感性相对较大的参数以保证模拟结果更加精确。通过 SWAT-CUP 程序输入调整后的参数，结合阿克苏河流域实测径流数据来验证模型在该流域的适用性是否良好，通过相对误差 RE、决定性系数 R^2 和效率系数 NSE 3 个常用指标进行模型的精度评价。

（5）径流响应分析。以未来气候变化为出发点，在假定其他影响因素保持不变的基础上，设置多种不同气候变化状况对阿克苏河流域进行径流模拟，讨论探究变化的气候环境下水文径流的变化特点及趋势。采用假定气候情景分析法，基于阿克苏河流域 7 个气象站的实测数据，在忽略气候因子空间分布和降水强度空间变化的基础上，设置 25 种不同的未来气候变化情景，讨论探究阿克苏河流域水文平衡过程对气候变化的动态响应机制。

5.2　数据收集与处理

SWAT 模型在评估流域水文循环的过程中需要用到不同类型的基础数据，包括 DEM、土地利用、土壤类型、气象观测及水文监测等数据。由于 SWAT 模型只识别根据自身固定要求的输入数据，而收集到的数据来源各不相同，因此，必须根据模型固定的运作环境和要求，综合整理所有数据，使其成为模型可识别的类型来确保模型的正常运行。在此基础上建立基础数据库，使空间数据的投影和地理坐标整齐一致。

5.2.1　DEM 数据

数字高程模型简称 DEM，是数字地形模型(digital terrain model，DTM)的一个重要分支，当 DTM 中的地形因素替换为高程值时，则称之为 DEM。DEM 是单纯描述地面高程空间分布的一种栅格数据，通过一组有序的数值阵列来表示地面高程。

在 SWAT 模型运行过程中，以 DEM 数据为基础，进行河网提取及子流域划分等工作。本书研究所收集的 DEM 数据由中国科学院国际科学数据服务平台提供，空间分辨率为 30m×30m。对原始 DEM 数据转换投影，基于研究区边界裁剪，获得模型最终所需的流域 DEM 栅格数据。定义的坐标系统具体参数如下。

Projected Coordinate System(投影坐标系)：WGS_1984_UTM_Zone_43N。

Projection(投影)：Transverse_Mercator。

False_Easting(假东)：500000.00000000。

False_Northing(假北)：0.00000000。

Central_Meridian(中央经线)：75.000000。

Scale_Factor(比例因子)：0.999600。

Latitude_Of_Origin(起始纬度)：0.00000000。

Linear Unit(距离单位)：Meter。

Geographic Coordinate System(地理坐标系)：GCS_WGS_1984。

Datum(椭球体)：D_WGS_1984。

Prime Meridian(本初子午线)：Greenwich。

Angular Unit(角度单位)：Degree。

5.2.2　土地利用数据

作为保证 SWAT 模型正常运行的重要基础数据，土地利用数据的质量与模拟结果紧密相关，主要包括土地利用分布数据和土地利用类型索引表。SWAT 模型是以美国国家地质调查局的土地利用/作物分类系统为标准，属性数据库要求按照美国标准建立。因此，在模型运行之前，首先需将原始的土地利用分类与模型要求的分类标准对比分析，并基于研究区的实际情况对流域内土地利用类型进行重分类，分为果园、交通用地、水域、低覆盖草地、水田、耕地、有林地、灌木林地、草地、干草、城镇居民地和农村居民点共 12 类，建立相应的土地利用类型索引表，最终得到模型所需的土地利用类型分布数据，土地利用类型及重分类统计如表 5-1 所示。

表 5-1　土地利用/覆盖类型及重分类

编号	类型名称	SWAT 代码	面积/km²	百分比/%
2	果园	ORCD	1760.98	3.33
5	交通用地	UTRN	79.32	0.15
6	水域	WATR	5002.66	9.46
9	低覆盖草地	SWRN	8381.83	15.85
11	水田	RICE	322.58	0.61
12	耕地	AGRL	3172.93	6.00
31	有林地	FRST	782.66	1.48
32	灌木林地	SESB	12950.85	24.49
41	草地	PAST	10047.62	19.00
43	干草	HAY	10264.43	19.41
202	城镇居民地	URML	100.48	0.19
203	农村居民点	URLD	10.58	0.02

5.2.3　土壤数据

　　土壤数据是 SWAT 模型要求必须输入的基础参数之一。其质量将直接影响模拟结果。SWAT 模型所需的土壤数据包括：土壤类型分布数据、土壤类型索引表及土壤物理参数。本书研究所使用的土壤数据是由联合国粮食及农业组织与维也纳国际应用系统分析研究所(International Institute for Appied Systems Analysis，IIASA)共同建立的世界和谐土壤数据库(Harmonized Word Soil Database，HWSD)所提供，采用的土壤分类系统是 FAO-90，空间分辨率为 1km，中国境内的土壤数据采用的是第二次全国土地调查的 1∶100 万土壤数据。根据得到的土壤栅格图，基于阿克苏河流域的边界对其进行裁剪，结合研究区实际情况，将其重分类为淡栗钙土、棕钙土、石膏灰棕漠土、荒漠风沙土、石灰草甸土、盐化草甸土、林灌草甸土、潮土、草毡土、冰川雪被、灰棕漠土、龟裂土和碱化盐土共 13 种土壤类型(亚类)，并将土壤名称的汉语拼音作为 SWAT 模型中土壤类型的代码，保持土壤类型与 DEM 数据的投影坐标一致。阿克苏河流域土壤类型分布如图 5-4 所示，各土壤类型面积及所占流域面积的百分比如表 5-2 所示。

表 5-2　土壤类型及重分类

编号	类型名称	SWAT 代码	面积/km²	百分比/%
10	淡栗钙土	danligaitu	571.13	1.08
13	棕钙土	zonggaitu	1872.03	3.54

续表

编号	类型名称	SWAT 代码	面积/km²	百分比/%
18	石膏灰棕漠土	shigaohuizongmotu	2813.33	5.32
19	荒漠风沙土	huangmofengshatu	370.18	0.70
20	石灰草甸土	shihuicaodiantu	930.73	1.76
21	盐化草甸土	yanhuacaodiantu	26747.81	50.58
22	林灌草甸土	linguancaodiantu	1290.33	2.44
23	潮土	chaotu	3310.43	6.26
33	草毡土	caozhantu	2395.56	4.53
39	冰川雪被	bingchuanxuebei	2850.35	5.39
47	灰棕漠土	huizongmotu	4595.46	8.69
49	龟裂土	junlietu	243.26	0.46
53	碱化盐土	jianhuayantu	4886.31	9.24

　　土壤属性分为两大类：土壤的物理属性和化学属性。其中，土壤的物理属性是指土壤名称、土壤分层数、饱和导水率、土壤水文学分组、有机碳含量、有效持水量、土壤层结构、土壤孔隙度和土壤湿密度等，反映了土壤侵蚀的程度及规律，并与流域水文径流循环息息相关。土壤的化学属性包括土壤中氮、磷等元素的初始浓度等。模型需要输入的参数如表 5-3 所示。

表 5-3　土壤数据库主要参数

变量名称	模型定义	注释
TITLE/TEXT	位于.sol 文件的第一行，用于说明文件	—
SNAME	土壤名称	
NLAYERS	土壤分层数	
HYDGRP	土壤水文学分组（A、B、C 或 D）	
SOL_ZMX	土壤剖面最大根系深度（mm）	
ANION_EXCL	阴离子交换孔隙度	模型默认值为 0.5
SOL_CRK	土壤最大可压缩量，以所占土壤总体积的分数表示（0.01）	模型默认值为 0.5，可选
TEXTURE	土壤层结构	—
SOL_Z	各土壤层底层到土壤表层的深度（mm）	注意最后一层是前几层深度之和
SOL_BD	土壤湿密度（kg/m³ 或 g/cm³）	—
SOL_AWC	土壤层有效持水量（mm）	
SOL_K	饱和导水率/饱和水力传导系数（mm/h）	
SOL_CBN	土壤层中有机碳质量分数	一般为有机质质量分数乘以 0.58
CLAY	黏土含量，由直径小于 0.002mm 的土壤颗粒组成	—

变量名称	模型定义	注释
SILT	壤土含量，由直径为 0.002～0.05mm 的土壤颗粒组成	—
SAND	砂土含量，由直径为 0.05～2.0mm 的土壤颗粒组成	—
ROCK	砾石含量，由直径大于 2.0mm 的土壤颗粒组成	国内没有相关可借鉴的好的经验公式，在此默认为 0.01
SOL_ALB	地表反射率(湿)	—
USLE_K	USLE 方程中土壤侵蚀力因子	—
SOL_EC	土壤电导率(dS/m)	默认为 0

　　基于不同机械组成引起的差异所划分的土壤质地是土壤数据中的一类基础物理属性。SWAT 模型要求输入的土壤粒径数据必须基于 USDA 规定的美制标准，FAO-90 的土壤分级符合 USDA 标准。两种不同土壤质地分类标准的比较如表 5-4 所示。

表 5-4　土壤粒径分类对照

美国制		国际制	
黏粒	粒径<0.002mm	黏粒	粒径<0.002mm
粉砂	粒径为 0.002～0.05mm	粉砂	粒径为 0.002～0.02mm
砂砾	粒径为 0.05～2mm	细砂砾	粒径为 0.02～0.2mm
石砾	粒径>2mm	粗砂砾	粒径为 0.2～2mm
—	—	石砾	粒径>2mm

　　其中，SNAME、NLAYERS、SOL_ZMX、TEXTURE、SOL_Z、SOL_CBN、CLAY、SILT、SAND、ROCK 等参数可直接从 HWSD 属性表中获取。SOL_BD、SOL_AWC、SOL_K 三个参数通过土壤水特性软件 SPAW(Soil-Plant-Atmosphere-Water)计算得到，设置界面如图 5-3 所示。

　　SOL_BD=Bulk Density

　　SOL_AWC=Field Capacity(田间持水量)−Wilting Point(饱和导水率)

　　SOL_K=Sat Hydraulic Cond

　　USLE_K 参数体现了基于其他参数保持不变的前提下，不同类型土壤抵御侵蚀的能力。其数值与土壤的物理属性密切相关，可通过 Williams 等(1997)总结的替换方程得到，计算公式如下：

$$K_{USLE} = f_{csand} \cdot f_{cl-si} \cdot f_{orgc} \cdot f_{hisand} \tag{5-9}$$

式中，f_{csand} 为粗砂土的侵蚀参数，f_{cl-si} 为黏壤土的侵蚀参数，f_{orgc} 为土壤有机质参数，f_{hisand} 为高砂土的侵蚀参数。

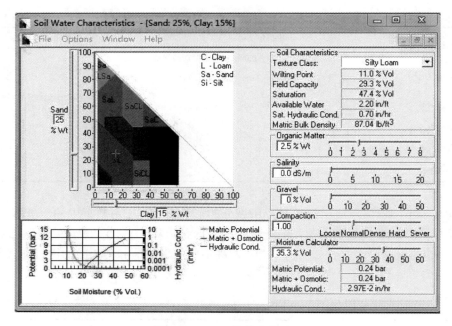

图 5-3　SPAW 软件参数设置

$$f_{c\mathrm{sand}} = 0.2 + 0.3 \times e^{\left[-0.256 \times sd\left(1-\frac{st}{100}\right)\right]} \tag{5-10}$$

$$f_{\mathrm{cl\text{-}si}} = \left(\frac{si}{si+cl}\right)^{0.3} \tag{5-11}$$

$$f_{\mathrm{orgc}} = 1 - \frac{0.25 \times c}{c + e^{(3.72-2.95 \times c)}} \tag{5-12}$$

$$f_{\mathrm{hisand}} = 1 - \frac{0.7 \times \left(1-\dfrac{sd}{100}\right)}{\left(1-\dfrac{sd}{100}\right) + e^{\left[-5.51+22.9 \times \left(1-\frac{sd}{100}\right)\right]}} \tag{5-13}$$

式中，sd 为砂粒的质量分数，si 为粉粒的质量分数，cl 为黏粒的质量分数，c 为有机碳的质量分数。

　　HYDGRP 指美国国家自然资源保护委员会基于土壤的渗透特征划分成 A、B、C、D 四种土壤水文分组。土壤的水文分组定义如表 5-5 所示。

表 5-5　土壤水文分组定义

土壤分类	土壤水文性质	最小下渗率 /(mm/h)
A	在完全湿润的条件下具有较高渗透率的土壤，主要由砂砾石组成，排水、导水能力强，产流能力低	7.6～11.4

土壤分类	土壤水文性质	最小下渗率 /(mm/h)
B	在完全湿润的条件下具有中等渗透率的土壤,排水、导水能力和结构都属于中等	3.8~7.6
C	在完全湿润的条件下具有较低渗透率的土壤,一定深度处存在一层不透水层,下渗和导水能力较低	1.3~3.8
D	在完全湿润的条件下具有较低渗透率的土壤,主要由黏土组成,涨水能力高,大多有一个永久的水位线,其深层土几乎不影响产流,导水能力很低	0~1.3

土壤最小下渗率参数的估算采用车振海总结的经验公式:

$$X = (20Y)^{1.8} \tag{5-14}$$

式中,X 为土壤下渗系数,Y 为土壤颗粒平均粒径。

Y 的计算公式为

$$Y = \frac{Z}{10} \times 0.03 + 0.002 \tag{5-15}$$

式中,Z 为土壤砂粒的质量分数。

得到土壤的相关物理属性参数后,将经过汇总整理的土壤物理属性参数表 (表 5-6)读入 SWAT 模型 usersoil 模块,便建好了基础土壤数据库。

表 5-6 土壤物理属性参数计算结果

SNAM	NLAYERS	HYDGRP	SOL_Z	SOL_ZMX	SOL_BD	SOL_AWC	SOL_K
淡栗钙土	5	D	220.00	250.00	1.20	0.36	16.15
棕钙土	5	D	170.00	311.00	1.39	0.33	9.83
石膏灰棕漠土	4	B	280.00	480.00	1.59	0.17	39.00
荒漠风沙土	5	A	70.00	380.00	1.72	0.05	166.32
石灰草甸土	5	D	100.00	181.00	1.22	0.19	11.18
盐化草甸土	5	B	10.00	471.00	1.22	0.26	31.27
林灌草甸土	6	D	170.00	261.00	1.09	0.44	11.57
潮土	6	C	230.00	380.00	2.70	0.29	15.46
草毡土	6	C	55.00	180.00	0.90	0.41	193.17
冰川雪被	3	D	70.00	300.00	0.90	0.25	46.01
灰棕漠土	5	A	40.00	370.00	1.71	0.26	5.82
龟裂土	7	D	40.00	600.00	1.49	0.27	2.45
碱化盐土	6	C	130.00	480.00	1.51	0.31	9.17
淡栗钙土	5	1.91	15.55	81.77	2.68	0	0.26

续表

SNAM	NLAYERS	HYDGRP	SOL_Z	SOL_ZMX	SOL_BD	SOL_AWC	SOL_K
棕钙土	5	1.16	17.21	71.29	11.50	0	0.37
石膏灰棕漠土	4	0.38	7.19	39.34	53.47	0	0.31
荒漠风沙土	5	0.27	2.19	3.97	93.84	0	0.20
石灰草甸土	5	1.51	22.44	55.58	21.98	0	0.32
盐化草甸土	5	1.51	6.97	66.48	26.55	0	0.34
林灌草甸土	6	1.38	14.16	81.04	4.80	0	0.29
潮土	6	0.88	12.64	58.96	28.40	3.70	0.37
草毡土	6	21.23	8.74	91.26	0	0	0.17
冰川雪被	3	0.53	51.11	28.48	20.41	0	0.35
灰棕漠土	5	0.26	23.97	32.03	44.00	20.00	0.25
龟裂土	7	0.12	26.98	62.99	10.03	0	0.42
碱化盐土	6	0.62	18.05	55.09	26.86	0	0.38

5.2.4　气象数据

　　气象数据涵盖了日尺度的降水量、最高和最低气温、相对湿度、平均风速及太阳辐射等基础数据。本书研究使用的气象数据来源于中国气象局气象数据中心提供的地面气候资料日值数据集，包括阿克苏河流域及周边的阿克苏、拜城、库车、吐尔尕特、阿合奇、柯坪和阿拉尔共 7 个气象站 1980～2013 年逐日气象观测数据，各气象站点统计信息如表 5-7 所示。

表 5-7　研究区气象站点统计表

编号	台站名称	经度/(°)	纬度/(°)	海拔/m
51628	阿克苏	80.23	41.17	1103.8
51633	拜城	81.90	41.78	1229.2
51644	库车	82.97	41.72	1081.9
51701	吐尔尕特	75.40	40.52	3504.4
51711	阿合奇	78.45	40.93	1984.9
51720	柯坪	79.05	40.50	1161.8
51730	阿拉尔	81.27	40.55	1012.2

　　一般情况下，连续获取大范围长时段的全部气象日值数据存在一定难度。但

这些数据是模型正常运行所必需的。因此，需要尽可能使用实测数据以保证模型模拟的精度，而缺失的数据则可通过建立天气发生器来模拟。天气发生器可基于短期气象观测数据对缺失的气象资料进行推测和估算，需要写入的主要参数及计算公式如表 5-8 所示。

表 5-8 天气发生器参数及计算公式

参　数	SWAT 代码	计算公式
月平均最低气温/℃	TMPMN	$\mu mn_{mon} = \sum_{d=1}^{N} T_{mn,mon}/N$
月平均最高气温/℃	TMPMX	$\mu mx_{mon} = \sum_{d=1}^{N} T_{mx,mon}/N$
最低气温标准偏差	TMPSTDMN	$\sigma mn_{mon} = \sqrt{\sum_{d=1}^{N}\left(T_{mn,mon}-\mu mn_{mon}\right)^2/(N-1)}$
最高气温标准偏差	TMPSTDMX	$smx_{mon} = \sqrt{\sum_{d=1}^{N}\left(T_{mx,mon}-\mu mx_{mon}\right)^2/(N-1)}$
月平均降水量/mm	PCPMM	$\overline{R}_{mon} = \sum_{d=1}^{N} R_{day,mon}/yrs$
平均降雨天数/d	PCPD	$\overline{d}_{wet,i} = day_{wet,i}/yrs$
降水量标准偏差	PCPSTD	$\sigma_{mon} = \sqrt{\sum_{d=1}^{N}\left(R_{day,mon}-\overline{R}_{mon}\right)^2/(N-1)}$
降雨的偏度系数	PCPSKW	$g_{mon} = N\sum_{d=1}^{N}\left(R_{day,mon}-\overline{R}_{mon}\right)^3/(N-1)(n-2)(\sigma_{mon})^3$
月内干日日数/d	PR_W1	$P_i(W/D) = \left(days_{W/D,i}\right)/\left(days_{dry,i}\right)$
月内湿日日数/d	PR_W2	$P_i(W/W) = \left(days_{W/W,i}\right)/\left(days_{wet,i}\right)$
露点温度/℃	DEWPT	$\mu dew_{mon} = \sum T_{dew,mon}/N$
月平均太阳辐射量/kJ(m²·d)	SOLARAV	$\mu rad_{mon} = \sum_{d=1}^{N} H_{day,mon}/N$
月平均风速/(m/s)	WNDAV	$\mu wnd_{mon} = \sum_{d=1}^{N} T_{wnd,mon}/N$

本书研究使用汇集了所有参数估算方程的程序 SwatWeather。SwatWeather 程序主要包括 5 个模块：计算降水、气温、辐射、风速和露点。通过计算降水，可得到 PCPMM、PCPD、PCPSTD、PCPSKW、PR_W1 和 PR_W2 六个参数；通过计算气温，可得到 TMPMN、TMPMX、TMPSTDMN 和 TMPSTDMX 四个参数；

通过计算辐射，可得到 SOLARAV；通过计算风速，可得到 WNDAV；通过计算露点，可得到 DEWPT。最终，将计算所得的各个参数写入 WGEN_user 气象数据库，导入长时间序列日尺度的气温、降水、相对湿度、太阳辐射、风速等基础数据，其中缺失数据的以-99 代替。

5.3　结果与分析

5.3.1　阿克苏河流域 SWAT 径流模拟

本节主要从河网提取、流域分割、HRU 划分、地形及积雪/融雪影响参数的确定、模型数据输入与模型运行等方面阐述建模过程。基于阿克苏河流域 DEM 数据、土地利用数据、土壤数据和 1980~2013 年气象数据，建立以阿拉尔水文站为流域总出水口的适用于阿克苏河流域径流模拟模型；结合实际监测数据，找出敏感度高的参数进行率定；完成模型的校准验证后，综合评估模拟结果的准确性，对模型适宜性进行定量评价。

5.3.1.1　SWAT 模型的构建

1. 河网提取及流域分割

SWAT 2012 流域划分模块主要包括 5 个过程：DEM 数据设置、河网定义、出水口/入水口设置、流域总出水口指定和子流域参数计算。在新建工程中导入 DEM 数据，按照模型默认设置自动计算流域水流方向和集水面积。

有研究表明，子流域划分的个数及面积对最终的径流模拟结果影响较小(郝芳华 等，2003)。因此，本书研究的集水面积阈值采用模型默认值，生成流域河网。将阿拉尔水文站确定为流域总出水口，进行子流域参数计算。最终提取阿克苏河流域的总面积为 52882km^2，共划分为 18 个子流域。其中，最大子流域面积为 9331km^2，最小子流域面积为 113km^2，平均面积为 2938km^2。

2. HRU 的划分

HRU 划分需在完成子流域分割的前提下进行。HRU 是指综合考虑土地利用、土壤、坡度分级等下垫面数据，将流域划分为多个相同土地利用、土壤类型和坡度级别组合，是 SWAT 模型运算过程中使用的最基本单位(宁吉才 等，2012)。

土地利用数据、土壤数据及坡度信息决定分割的每个子流域中 HRU 的分布水平。在划分 HRU 之前，要先分别对土地利用数据、土壤数据及坡度进行重分类，并将重分类后的 3 种数据进行叠加分析。SWAT 模型为用户提供了 3 种不同选择来对 HRU 进行定义：①Dominant Land Use，Soil，Slope；②Dominant HRU；

③Multiple HRUs。本章采用第三种定义方法，根据研究区的实际情况，自定义对土地利用面积、土壤面积及坡度等级的阈值赋值，三者阈值分别设定为 10%、5%、7%，最终将阿克苏河流域划分为 201 个 HRU。

3. 地形及积雪/融雪影响参数的确定

地形和积雪/融雪是高山地区水文模拟中两个重要因素。Burger 在对哥伦比亚河源区冰川变化的研究中，采用高程影响的回归方法对气象数据进行处理，提高了模型模拟的精度。Konz 在模拟喜马拉雅山尼泊尔境内的 Langtang Khola 河源区流量和融雪时，在划分水文响应单元时考虑了地形因素影响，在修改降水数据时考虑了梯度影响。Ozdogan 在幼发拉底河和底格里斯河流域源头对气候变化影响下的积雪面积和雪水当量变化研究时，加入了高程带的影响分析。

阿克苏河流域地形独特，多高山冰雪。高山地区气温较低导致部分降水形成降雪，需要适当增大融雪径流的模拟以提高径流模拟精度。因此将积雪/融雪和地形因素考虑在内，二者主要基于融雪模块和对子流域划分高程带来调节模型的模拟效果。参考相关研究成果（穆振侠 等，2010），结合阿克苏河流域实际情况，确定 100%积雪覆盖雪深阈值为 300mm，降雪临界温度和融雪临界温度分别为 1℃和 0℃。

在子流域设置高程带时，模型将自动考虑地形影响。为缓解地形对气温和降水的影响，可通过 SWAT 模型对任一子流域最多设置 10 个高程带，各高程带的降水和气温通过降水梯度和气温梯度计算。气温梯度的确定需通过 SPSS 软件对阿克苏河流域的海拔与气温进行相关性分析。利用研究区及周边 7 个气象站点 34 年的气温日值数据，建立多年平均气温与站点高程的线性关系，确定气温梯度为 −5.6℃/km。查阅相关资料，确定降水梯度为 169mm/km。

各个高程带降水量和气温的估算函数如下：

$$P_b = P + \left(E_b - E_{\text{gage}}\right) \cdot P_{\text{laps}} \qquad (P > 0.01) \tag{5-16}$$

$$T_{b,\text{max}} = T_{\text{max}} + \left(E_b - E_{\text{gage}}\right) \cdot T_{\text{laps}}, \quad T_{b,\text{min}} = T_{\text{min}} + \left(E_b - E_{\text{gage}}\right) \cdot T_{\text{laps}} \tag{5-17}$$

式中，P_b 为某高程带的降水量(mm)，P 为流域内某气象站点的降水量(mm)，E_b 为某高程带的平均高程值(m)，E_{gage} 为某气象站点的高程值(m)，$T_{b,\text{max}}$、$T_{b,\text{min}}$ 分别为某高程带的月均最高、最低气温(℃)，T_{max}、T_{min} 分别为气象站点最高、最低气温(℃)，P_{laps}、T_{laps} 分别为降水梯度和气温梯度。

4. 模型数据输入与模型运行

在 SWAT 模型气象数据定义模块中依次导入阿克苏、拜城、库车、吐尔尕特、阿合奇、柯坪、阿拉尔 7 个气象站的降水量、气温、相对湿度、太阳辐射及风速数据，选择站点位置表 WGEN_user，最后写入所有模型输入文件，包括：流域结构文件(.fig)、子流域文件(.sub)、HRU 文件(.hru)、土壤数据文件(.sol)、气象数据文件(.wgn)、主河道文件(.rte)、农业管理文件(.mgt)、河流水质文件(.swq)、地下水文件(.gw)、池塘数据文件(.pnd)、土壤化学文件(.chm)、水利用文件(.wus)。

在模型正式运行前，对模型需要预测的时间范围、径流模拟方法、潜在蒸散发量的模拟方法及河道演算方法进行相应设置。时间范围的选择参考收集到的水文站实测径流资料，若设定的时间范围溢出了实测数据的上限，天气发生器将自动估算填充超出时间范围的缺失部分。SWAT 模型提供 2 种径流模拟方法，Daily Rain/CN/Daily Route 和 Sub-Daily Rain/G&A/Hour Route。由于本书研究收集的降水数据是日尺度的，所以选择 Daily Rain/CN/Daily Route 法来进行径流的模拟运算。模型提供 4 种潜在蒸散量的模拟方法：Priestley-Taylor、Penman/Monteith、Hargreaves 和 Read-In PET。本书研究使用 Penman/Monteith 法，要求用户输入降水量、气温、相对湿度、太阳辐射及风速等具体的气象资料。模型提供两种河道演算方法：Muskingum 和 Variable Storage。本书研究使用 Muskingum 法。经过大量实验表明，预热期太短会使模型前几年的模拟值低于实测值，而预热期太长则会使得模型运算量过大，降低运行效率。因此，设置模型预热期为两年(1998 年 1 月 1 日~1999 年 12 月 31 日)，参数率定期为 7 年(2000 年 1 月 1 日~2006 年 12 月 31 日)，模型验证期为 7 年(2007 年 1 月 1 日~2013 年 12 月 31 日)。最终，SWAT 模型运行界面如图 5-4 所示。

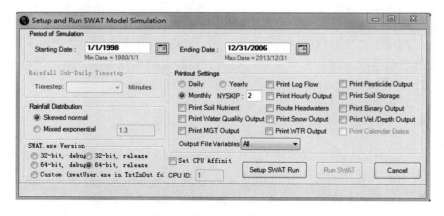

图 5-4　SWAT 模型运行界面

5.3.1.2　模型参数敏感性分析

采用 SWAT-CUP(SWAT Calibration Uncertainty Procedures)2012 程序来进行模型的校准与验证。该程序将 SUFI2(equential uncertainty fitting version 2)、GLUE(generalized likelihood uncertainty estimation)、ParaSol(parameter solution)、MCMC(markov chain monte carlo)和 PSO(particle swarm optimization)等计算方法与 SWAT 关联起来，选择 SUFI2 算法进行参数敏感性分析、模型校准与验证和不

确定性分析。

　　参数敏感性分析是确保模型校准与验证过程顺利运行的前提，其目的是判断哪些输入参数对模型的模拟结果的影响程度最大。SWAT 模型的运行涉及诸多参数，不同参数对于不同的研究内容影响的敏感程度不尽相同。基于敏感性分析的结果，筛选影响程度较高的参数，为之后模型的校准、验证奠定基础。

　　SUFI2 算法采用 LH 抽样法，从某种程度上可以看作分层抽样，即先在分布空间内对每个参数进行 N 等分，使在不同值域范围内参数出现的概率均为 1/N。在此基础上，对参数进行随机抽样，每次抽样只产生参数的一个随机抽取的值域。最后对上述参数随机组合并分别进行 N 次模拟，参数的敏感性通过对抽样参数和目标函数进行多元性回归分析得到，计算公式如下：

$$g = \alpha + \sum_{i=1}^{m} \beta_i b_i \tag{5-18}$$

　　在 SWAT-CUP 全局敏感性分析中，通常用来评估参数敏感性的指标有两个：p-Value 和 t-Stat。p-Value 衡量参数敏感性的显著程度，其值越接近 0，说明敏感性越显著；t-Stat 衡量参数敏感性的程度，其绝对值越大，说明参数就越敏感。

　　选取相关研究成果(Ryu et al，2011；李晶 等，2014)中的敏感性参数作为阿克苏河流域的原始参数，输入 SWAT-CUP 中对基本参数进行重新评价分析，获得相应 p-Value 和 t-Stat，从中选择模型模拟结果影响度高的参数，分析结果如表 5-9 所示。

表 5-9　敏感性参数分析

序号	参数名	参数含义	SWAT 参数范围
1	CN2	SCS 径流曲线	35～98
2	CH_K2	主河道有效水力传导系数	−0.01～500
3	CH_N2	主河道曼宁系数	−0.01～0.3
4	SMFMX	最大融雪因子	0～20
5	SLSUBBSN	平均坡长	10～150
6	SFTMP	降雪温度	−5～5
7	HRU_SLP	平均坡度	0～1
8	ESCO	土壤蒸发补偿系数	0～1
9	SOL_BD	土壤容重	0.9～2.5
10	ALPHA_BF	基流消退系数	0～1
11	GW_DELAY	地下水滞后时间	0～500
12	GW_REVAP	浅层地下水再蒸发系数	0.02～0.2
13	RCHRG_DP	深蓄水层渗透系数	0～1
14	GWQMN	浅层地下水径流系数	0～5000
15	SMTMP	融雪温度	−5～5

序号	参数名	参数含义	SWAT 参数范围
16	SMFMN	最小融雪因子	0～20
17	SOL_AWC	土壤有效持水量	0～1

5.3.1.3　模型校准与验证

1. 适用性评价指标

选择相对误差 R_E、决定性系数 R^2 及 Nash-Sutcliffe 效率系数 NSE 衡量评价模型适用性是否良好。

（1）相对误差 R_E：

$$R_E = \frac{Q_s - Q_m}{Q_m} \times 100\% \qquad (5-19)$$

式中，Q_m 为实测数据，Q_s 为模拟结果。R_E 越趋向于 0，表明模型模拟准确度越高。$R_E > 0$ 时，模拟结果偏大；$R_E < 0$ 时，模拟结果偏小。

（2）决定性系数 R^2：

$$R^2 = \frac{\left[\sum_{i=1}^{n}\left(Q_m - \overline{Q_m}\right)\left(Q_s - \overline{Q_s}\right)\right]^2}{\sum_{i=1}^{n}\left(Q_m - \overline{Q_m}\right)^2 \sum_{i=1}^{n}\left(Q_s - \overline{Q_s}\right)^2} \qquad (5-20)$$

式中，Q_m 为实测数据，Q_s 为模拟结果，$\overline{Q_m}$ 为实测数据平均值，$\overline{Q_s}$ 为模拟结果的平均值。

决定性系数 R^2 反映模型模拟结果与实测数据在变化趋势方面存在的具体差异。R^2 为 0～1，当 $R^2 = 1$ 时，表明模型模拟结果和实测数据完全相同；R^2 越趋近于 1，表明模型模拟的准确性越高。

（3）Nash-Sutcliffe 效率系数 NSE：

$$NSE = 1 - \frac{\sum_{i=1}^{n}\left(Q_m - Q_s\right)^2}{\sum_{i=1}^{n}\left(Q_m - \overline{Q_m}\right)^2} \qquad (5-21)$$

NSE 是一个综合性评价指标，整体水平上反映模型的模拟结果和实测数据的吻合效果。NSE 为 $-\infty$～1，NSE 越趋近于 1，表明模拟结果与实测数据越接近；NSE = 1 时，表明模拟结果与实测数据相同；NSE < 0 时，表明模型的模拟效果差，可信度低。一般认为，NSE > 0.5 时，模型模拟结果比较准确，模拟效果理想。

2. 数不确定性分析

由于采用的概念模型、数据精度存在较多不确定性，因此需要对参数进行不确定性分析，以确保模型模拟结果更加准确，可信度更高。SUFI-2 算法通过拉丁超立方采样法，对 2.5%～97.5%的模拟值进行综合统计来表示参数的不确定性。用于评估参数不确定性的指标有两个：P-factor 和 R-factor。其中，P-factor 是 95PPU 区间实测数据所占份额的百分比，R-factor 是 95PPU 区间的平均宽度与实测数据标准偏差的比值。

理论上，P-factor 取值范围为 0～1，R-factor 取值范围为 0～∞。P-factor 为 1、R-factor 为 0 时，模型的模拟结果和实测数据完全吻合；当 P-factor 越趋近于 1 且 R-factor 越趋近于 0 时，参数的不确定范围最佳，模型的模拟结果最为理想。

3. 型校准与验证

模型校准是指经过不断率定输入参数的取值，促使模型的模拟结果更加趋近于实测数据，从而提高研究区模型模拟的准确性和精确度的过程。模型验证是指将校准期率定好的最佳参数值输入到模型数据库中，把此时生成的模拟结果与验证期实测数据对比分析。

SWAT 模型为用户提供了 2 种参数率定方法：手动率定和自动率定。2 种方法各有利弊：手动率定过程复杂、费时较多，且率定用户运用模型的熟练程度对率定结果的影响作用较大，存在的不确定因素较多；自动率定省时省力，需要进行多次模型迭代，模拟效果相对手动率定低。近年来，随着自动率定算法的迅速发展，自动率定逐渐成为参数率定未来发展的趋势。

通过 SWAT-CUP 程序，基于阿拉尔水文站 2000～2006 年实测月均径流数据进行模型校准，验证期选择 2007～2013 年。在模型校准前，首先对每个参数分别设定上限和下限，并设置每一轮程序迭代的次数，本书研究设置每轮迭代的次数为 500 次，模型每迭代 1 次，都将在首次设定的参数范围内寻找最佳参数值，并将提示下一轮迭代时模拟参数的最佳范围。

模型校准期的月径流量模拟结果如表 5-10 所示，校准期模拟结果和实测数据对比如图 5-5 和图 5-6 所示。校准期模型的模拟结果与实测数据的变化趋势大致相同，模拟效果较好。校准期月均径流量实测为 145.62m³/s，月均径流量模拟结果为 138.70m³/s，相对误差 R_E 为-4.75%，模拟结果相对于实测数据偏低，决定性系数 R^2 和效率系数 NSE 均为 0.89，确定性系数评价等级为乙级，参数的率定结果满足了模型模拟的要求。

表 5-10　校准期和验证期月径流量模拟结果

	实测值/(m³/s)	模拟值/(m³/s)	相对误差(R_E)/%	决定性系数(R^2)	效率系数(NSE)
校准期	145.62	138.70	-4.75	0.89	0.89
验证期	136.42	125.54	-7.98	0.84	0.82

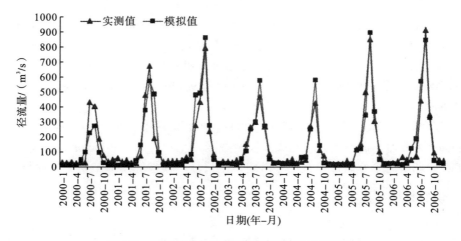

图 5-5   校准期月均径流量实测值和模拟值对比

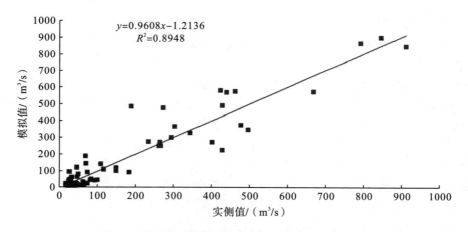

图 5-6   校准期月均径流量实测值和模拟值相关关系

模型验证期模拟结果和实测数据对比如图 5-7、图 5-8 所示。验证期月均径流量模拟结果为 125.54m³/s，比实测数据 136.42 m³/s 低 10.88m³/s，相对误差 R_E 为 −7.98%，决定性系数 R^2 为 0.84，效率系数 NSE 为 0.82，除个别月份模拟结果大于实测数据外，整体较实测数据小，能体现真实径流量的趋势走向，效果较理想。阿克苏河流域的径流量呈冬季极小、春季后大幅度增加的季节性变化特点，每年 5~9 月径流量增加趋势最为显著，7~8 月径流量达到峰值，是由于气温升高而使冰雪融化加速，故使径流量增加显著。由于冬季气温过低，几乎无冰雪融水，径流量小；春季气温回升，冰雪融水现象加剧，在 5~9 月汛期流域径流量明显增大，说明阿克苏河流域的水文径流主要来源于冰雪融水。

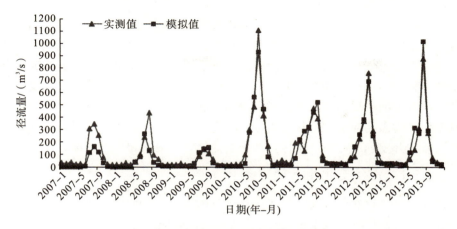

图 5-7　验证期月均径流量实测值和模拟值对比

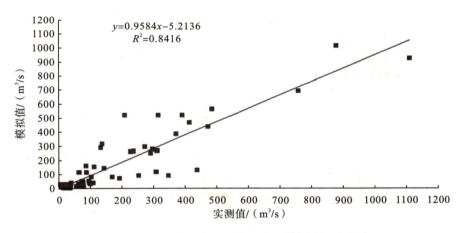

图 5-8　验证期月均径流量实测值和模拟值相关关系

5.3.2　考虑气候变化情景的径流模拟

气候变化是在一段较长时间内气候的平均状态在统计学基础上所发生的巨大变化。联合国政府间气候变化专门委员会(Intergovermental Panel on Climate Change，IPCC)在第 5 次气候变化报告中揭示，世界各地均在不可避免地发生着气候变化。

新疆大部分土地以干旱、半干旱为特征的沙漠绿洲形式存在，受气候变化的影响作用显著。随着气候变暖趋势的不断加强，土地干旱程度越发强烈。气候是影响流域径流水量平衡的重要因素，其中尤以气温和降水两个气候因子为主。气候变化中气温和降水因素的变化是引起流域水文循环发生改变的关键所在。阿克苏河流域的水文径流主要来源于高山带的冰雪融水及中低山带的大气降水，同时受到气温和降水因素的双重影响。气温作为热量指标，对冰川积雪的融化过程及流域高山地带降水形态的改变发挥着不可替代的作用，进而改变着流域的径流过程；降水作为流域径流的直接补给来源，对区域生态水文平衡发挥着关键作用。

　　通过设定不同的气候变化情景，利用 SWAT 模型探讨分析不同气候变化情景模式下阿克苏河流域的生态水文循环过程，并综合对比气温和降水因素的变化对径流变化的动态响应机制，从而为今后阿克苏河流域生态水文资源的科学规划、提高水资源开发利用效率及维持生态健康提供科学依据和理论支撑。

5.3.2.1　气候变化情景的建立

　　目前，主要存在两种建立气候变化情景的方法：①假定气候情景法，根据流域当前气候的变化特点及未来趋势，人为将气温降低或升高、降水量减少或增加，任意两两结合产生多种新的未来气候情景；②基于大气环流模型（GCMs）输出法，根据 GCMs 输出结果，在估计未来可能发生的气候变化的基础上，运用水文模型分析区域生态水文平衡过程。

　　中国科学家通过自主研发的全球海气耦合模式（如 NCC/IAPT63），以 CO_2 等温室气体未来的变化状况为依据，综合 IPCC 不同模式的模拟结果，对全球、东亚以及中国未来 20~100 年的气候变化趋势进行了预测。结果指出，中国气温将大幅升高，降水量亦将呈现显著增大趋势。截至 2020 年，中国年均气温的升高幅度将为 1.3~2.1℃，年均降水量的增加幅度将为 2%~3%；截至 2050 年，中国年均气温升高幅度将达到 2.3~3.3℃，年均降水量的增加幅度将达到 5%~7%。

　　由于通过 GCMs 法对气候变化进行估计将受到诸多不确定因素的影响，因此本书研究选择假定气候情景法。根据阿克苏河流域 7 个气象站 1980~2013 年的实际日观测数据，在忽略气候因子的空间分布及降水强度的空间变化的前提下，将未来气候情景设定为：在收集到的气象观测数据基础上，降水量分别增加 20%、10% 和减少 10%、20%；气温分别增加 2℃、1℃ 和减少 1℃、2℃。情景模拟共有 25 种组合，如表 5-11 所示。

表 5-11　不同气温和降水量情况下情景模拟

		降水量变化				
		$P×(1+20\%)$	$P×(1+10\%)$	P	$P×(1-10\%)$	$P×(1-20\%)$
气温变化	$T+2℃$	S1	S2	S3	S4	S5
	$T+1℃$	S6	S7	S8	S9	S10
	T	S11	S12	S13	S14	S15
	$T-1℃$	S16	S17	S18	S19	S20
	$T-2℃$	S21	S22	S23	S24	S25

5.3.2.2　气候变化情景下的径流模拟

通过将阿克苏河流域 7 个气象站点的气温及降水量基础数据依次读入 SWAT 模型模拟，最终得到 1980 年以来 34 年内的多年月均径流量、径流变化量及变化率（表 5-12、图 5-9 和图 5-10）。

表 5-12　不同气温和降水量情况下径流量模拟预测结果

		降水量变化				
		$P\times(1+20\%)$	$P\times(1+10\%)$	P	$P\times(1-10\%)$	$P\times(1-20\%)$
气温变化	径流量 /(m³/s)					
	$T+2℃$	176.40	153.90	129.93	107.14	86.04
	$T+1℃$	183.07	160.19	136.46	113.02	92.10
	T	187.87	164.81	141.29	118.20	97.36
	$T-1℃$	191.71	169.64	145.54	122.15	101.17
	$T-2℃$	194.06	173.72	148.65	125.22	104.45
	变化量 /(m³/s)					
	$T+2℃$	35.11	12.61	-11.36	-34.15	-55.25
	$T+1℃$	41.78	18.90	-4.83	-28.27	-49.19
	T	46.58	23.52	0.00	-23.09	-43.93
	$T-1℃$	50.42	28.35	4.25	-19.14	-40.12
	$T-2℃$	52.77	32.43	7.36	-16.07	-36.84
	变化率 /%					
	$T+2℃$	24.85	8.92	-8.04	-24.17	-39.10
	$T+1℃$	29.57	13.38	-3.42	-20.01	-34.81
	T	32.97	16.65	0.00	-16.34	-31.09
	$T-1℃$	35.69	20.07	3.01	-13.55	-28.40
	$T-2℃$	37.35	22.95	5.21	-11.37	-26.07

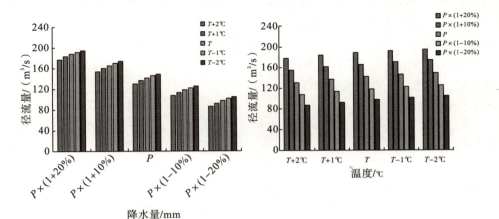

图 5-9　气候变化情景下径流量模拟

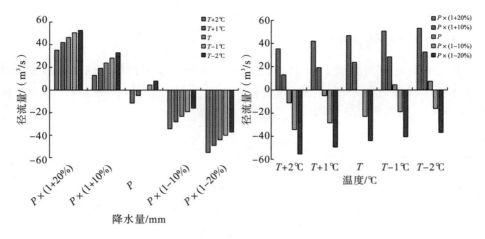

图 5-10　气候变化情景下径流量变化量

通过对 25 组气候情景径流量预测模拟及对比分析发现,阿克苏河流域径流量变化与气温、降水量之间存在密切关联。

(1)径流量变化受气候变化的影响显著,径流量与降水量之间表现为正相关性,随着降水量逐渐增大,径流量呈现不断增大的趋势;径流量与气温之间表现为负相关性,随着气温逐渐升高,径流量呈现缓慢减少趋势。在维持气温 T 不变基础上,随着降水量 P 增加 20%,径流量增加了 46.58m³/s,与初始值相比增加了 32.97%;随着降水量 P 减少 20%,径流量减少了 43.93m³/s,与初始值相比减少了 31.09%。在保持降水量 P 不变前提下,随着气温 T 增加 2℃,径流量减少了 11.36m³/s,与初始值相比减少了 8.04%;随着气温 T 减少 2℃,径流量增加了 7.36 m³/s,与初始值相比增加了 5.21%。

(2)相对于气温,径流量对降水量变化的敏感性更强烈。在维持气温 T 不变的基础上,令降水量 P 分别增加和减少 20%,这时的径流量分别变化了 32.97% 和 -31.09%;在维持降水量 P 不变的基础上,令气温 T 分别增加和减少 2℃,这时的径流量分别变化了 -8.04% 和 5.21%。在降水量改变 20% 的基础上径流量产生的变化率是气温改变 2℃ 时径流量产生的变化率的约 4~6 倍。由此可见,在未来气候变化中,降水量是引起流域径流量发生改变的关键因素,与之相比,气温对径流量的作用相对较小。

(3)降水量对径流量的影响与气温成反比,随着气温的不断升高而缓慢减小,随着气温的逐渐降低而不断增大。在降水量 P 增加 20% 的基础上,当气温 T 依次保持不变、降低 1℃、降低 2℃ 时,径流量的变化率分别为 32.97%、35.69% 和 37.35%;在降水量 P 增加 10% 的基础上,当气温 T 依次保持不变、降低 1℃、降低 2℃ 时,径流量的变化率分别为 16.65%、20.07% 和 22.95%;在维持降水量 P 不变的基础上,当气温 T 依次保持不变、降低 1℃、降低 2℃ 时,径流量的变化率分别为 0%、3.01%

和 5.21%；在降水量 P 减少 10%的基础上，当气温 T 依次保持不变、降低 1℃、降低 2℃时，径流量的变化率分别为-16.34%、-13.55%和-11.37%；在降水量 P 减少 20%的基础上，当气温 T 依次保持不变、降低 1℃、降低 2℃时，径流量的变化率分别为-31.09%、-28.40%和-26.07%。在降水量 P 增加 20%的基础上，当气温 T 依次保持不变、升高 1℃、升高 2℃时，径流量的变化率分别为 32.97%、29.57%和 24.85%；在降水量 P 增加 10%的基础上，当气温 T 保持不变、升高 1℃、升高 2℃时，径流量的变化率分别为 16.65%、13.38%和 8.92%；在维持降水量 P 不变的基础上，当气温 T 依次保持不变、升高 1℃、升高 2℃时，径流量的变化率分别为 0%、-3.42%和-8.04%；在降水量 P 减少 10%的基础上，当气温 T 依次保持不变、升高 1℃、升高 2℃时，径流量的变化率分别为-16.34%、-20.01%和-24.17%；在降水量 P 减少 20%的基础上，当气温 T 依次保持不变、升高 1℃、升高 2℃时，径流量的变化率分别为-31.09%、-34.81%和-39.10%。由上述分析可知，降水量增加时，径流量受气温影响的变化幅度大于降水量减小时径流量受气温影响的变化幅度。

（4）气温对径流量的影响与降水量成正比，随着降水量的不断增大而慢慢增大，随着降水量的逐渐减小而不断减小。在气温 T 升高 2℃的基础上，当降水量 P 依次保持不变、增加 10%、增加 20%时，径流量的变化率分别为-8.04%、8.92%和 24.85%；在气温 T 升高 1℃的基础上，当降水量 P 依次保持不变、增加 10%、增加 20%时，径流量的变化率分别为-3.42%、13.38%和 29.57%；在气温 T 保持不变的基础上，当降水量 P 依次保持不变、增加 10%、增加 20%时，径流量的变化率分别为 0%、16.65%和 32.97%；在气温 T 降低 1℃的基础上，当降水量 P 依次保持不变、增加 10%、增加 20%时，径流量的变化率分别为 3.01%、20.07%和 35.69%；在气温 T 降低 2℃的基础上，当降水量 P 依次保持不变、增加 10%、增加 20%时，径流量的变化率分别为 5.21%、22.95%和 37.35%。在气温 T 升高 2℃的基础上，当降水量 P 依次保持不变、减少 10%、减少 20%时，径流量的变化率分别为-8.04%、-24.17%和-39.10%；在气温 T 升高 1℃的基础上，当降水量 P 依次保持不变、减少 10%、减少 20%时，径流量的变化率分别为-3.42%、-20.01%和-34.81%；在气温 T 保持不变的基础上，当降水量 P 依次保持不变、减少 10%、减少 20%时，径流量的变化率分别为 0%、-16.34%和-31.09%；在气温 T 降低 1℃的基础上，当降水量 P 依次保持不变、减少 10%、减少 20%时，径流量的变化率分别为 3.01%、-13.55%和-28.40%；在气温 T 降低 2℃的基础上，当降水量 P 依次保持不变、减少 10%、减少 20%时，径流量的变化率分别为 5.21%、-11.37%和-26.07%。由上述分析可知，气温降低时，径流量受降水量影响的变化幅度大于气温升高时径流量受降水量影响的变化幅度。

（5）基于不同的气候情景，流域径流量发生的变化各不相同，并且有着显著的差异。在本书研究建立的 25 种气候变化中，径流增加幅度最明显的是组合 S21，即气温降低 2℃、降水量增加 20%的情景，径流模拟结果增加了 52.77m³/s，与初始值相比增加了 37.35%，这是对阿克苏河流域径流量增加最有利的气候情景；径流减少幅度最明显的是组合 S5，即气温升高 2℃，降水量减少 20%的情景，模拟径流量减少了 55.25m³/s，与初始值相比减少了 39.10%，这是对阿克苏河流域径流量增加最不利的气候条件。由此可见，尽可能提高气候变化预测模拟的正确性对于研究流域径流量的变化及生态水文平衡至关重要。

5.4　小　　　结

本章以阿克苏河流域为研究区，基于 1980～2013 年的气象观测数据和 2000～2013 年的水文监测数据，构建了适用于阿克苏河流域的 SWAT 模型，模拟评估了阿克苏河流域径流的生态水文循环，并对 SWAT 模型在研究区的适用性进行了深入探究。在此基础上，本书预测模拟了不同气候变化下流域水文径流的变化趋势及特点，探讨阿克苏河流域水文过程对气候变化的响应机制。研究得出的主要结论如下。

（1）根据 SWAT 模型对于基础数据的特定要求，对阿克苏河流域的 DEM 数据、土地利用数据、土壤数据、水文实测数据、气象观测数据等资料进行预处理，构建了相应的基础性空间数据库与属性数据库。基于阿克苏河流域的 DEM 数据提取河网水系，并叠加该流域的土地利用、土壤、坡度分级等下垫面情况，通过自定义设置土地利用面积、土壤面积及坡度等级的阈值，最终将研究区划分为 18个子流域、201 个 HRU。

（2）基于阿克苏河流域独特的地形地貌，为确保模拟径流结果的精度，将积雪/融雪和地形因素考虑在内，结合阿克苏河流域实际情况，确定 100%积雪覆盖雪深阈值为 300mm，降雪临界温度和融雪临界温度分别为 1℃和 0℃，气温梯度（TLAPS）为-5.6℃/km，降水梯度（PLAPS）为 169mm/km。

（3）通过采用 SWAT-CUP 程序的 SUFI-2 算法，筛选出对阿克苏河流域的径流模拟敏感性排序前的部分参数：SCS 径流曲线数、主河道有效水力传导系数、主河道曼宁系数、最大融雪因子、平均坡长、降雪温度、平均坡度、土壤蒸发补偿系数、土壤容重、基流消退系数、地下水滞后时间、浅层地下水再蒸发系数。

（4）通过 SWAT-CUP 程序，采用阿克苏河流域阿拉尔水文站 2000～2006 年实测月均径流数据校准模型，选择 2007～2013 年实测月均径流数据验证模型。结果发现，校准期和验证期的决定性系数 R^2 分别为 0.89 和 0.84，效率系数 NSE 分别为 0.89 和 0.82，相对误差 R_E 分别为-4.75%和-7.98%，对比确定性系数评价等级可知为乙等。校准期模型的模拟结果与实测数据的变化趋势大致相同，表明模拟十分理想，验证了 SWAT 模型在阿克苏河流域具有良好的适用性。

(5) 在阿克苏河流域 7 个气象站 1980～2013 年资料的基础上，建立 25 种不同的气候情景并进行模拟，对比探讨气温和降水量两种气候因素的变化在径流水文平衡方面的作用，得出以下结论：流域径流量的变化受气候变化的影响最为明显。径流量与降水量成正比，随着降水量的不断增大，径流量也慢慢增大；径流量与气温成反比，随着气温的逐渐升高，径流量不断减小。相对于气温，径流量对降水量变化的敏感程度更加强烈。降水量对径流量的影响与气温呈负相关性，随着气温的不断升高而缓慢减小，随气温的逐渐降低而不断增大；气温对径流量的影响与降水量呈正相关性，随着降水量的不断增大而缓慢增大，随着降水量的逐渐减小而不断减小。基于不同的气候情景，流域径流量发生的变化各不相同，并且存在显著差异。

在建立的 25 种不同的气候变化情景中，径流增加量最为显著的是组合 S21，即气温减少 2℃，降水量增加 20%，这种情景最有助于促进阿克苏河流域径流量的增加；径流减少量最为显著的是组合 S5，即气温增加 2℃，降水量减少 20%，这种情景最阻碍阿克苏河流域径流量的增加。

第6章　阿克苏灌区水资源供需平衡分析

供需平衡问题一直以来都是水资源供需研究中的热点问题（陈家琦 等，1996），核心体现在对供水量与需水量间的关系研究方面。水资源供需平衡分析是在一定区域内就水资源的供给与需求及其之间的余缺关系进行分析的过程，其中心思想是采取各种措施达到水资源的供给量和需求量的相对平衡。在阿克苏河流域径流量变化和种植结构快速发展的背景下，对阿克苏灌区水资源供需做出准确的定量分析，对当地社会经济持续发展、生态系统持续健康发展、化解水资源供求矛盾、提高水资源的利用效率等具有深远的现实意义。

6.1　农业种植结构

农田灌溉需水量主要由作物的种植结构所决定。本章根据阿克苏灌区土地利用信息提取结果，分析1998~2014年研究区农业种植结构的变化情况。

6.1.1　乌什县种植结构变化

乌什县以棉花和核桃种植为主，水稻、土豆、小麦和玉米的种植面积相对较少。因位于天山脚下，气温相对较低，光热条件较差，不适宜苹果、葡萄和枣类等的种植。其中，1998~2006年水稻种植面积增幅不明显，2010~2014年有较为明显的增加。棉花种植面积呈逐年减少的趋势；相反，核桃呈逐渐增加的趋势，至2014年，核桃种植在乌什县占据绝对主导地位，占种植总面积的61.0%（图6-1）。

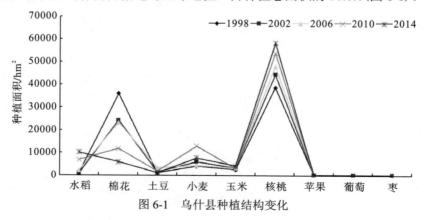

图6-1　乌什县种植结构变化

6.1.2　温宿县种植结构变化

温宿县以棉花和核桃种植为主，水稻亦是该地区种植的主要作物之一，素有阿克苏地区的"江南水乡"之称，苹果在当地有大面积种植，红心苹果在当地享有盛名。从变化情况看，棉花种植面积呈现小幅度波动变化，核桃和苹果种植面积持续增加，小麦种植面积持续增加。2014 年，该地区种植面积占主导的种类为核桃，占种植总面积的 40.3%（图 6-2）。

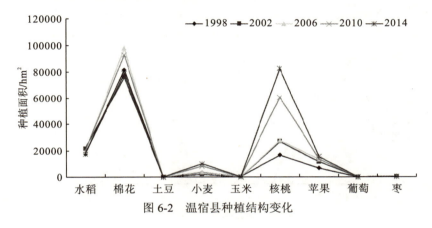

图 6-2　温宿县种植结构变化

6.1.3　阿克苏市种植结构变化

阿克苏市种植历史悠久，种植结构相对复杂，以棉花种植为主。阿克苏市北部的红旗坡盛产遍及市场的阿克苏红富士苹果，其种植面积有所增加，但相对整个区域增幅不大。新开垦的土地主要用于种植棉花以及对水需求量不高的核桃，导致该地区种植面积增幅最多的为棉花和核桃。2014 年，棉花种植面积占种植总面积的 65.3%（图 6-3）。

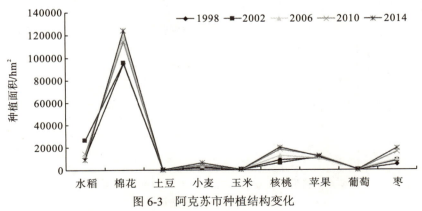

图 6-3　阿克苏市种植结构变化

6.1.4　阿瓦提县种植结构变化

　　阿瓦提县是阿克苏地区最大的产棉县，近 16 年来，该县棉花种植面积呈不断增长趋势，2014 年棉花种植面积占全县种植总面积的 87%。近年来，交通便利的地方发展了一定面积的核桃，核桃面积持续增长。水稻虽不是本地区的主要种植作物，但水稻田土壤肥沃，亦能消除病虫害，因此在棉花长期种植的地方进行替换轮作，起到改良土壤、消除棉铃虫害的作用，其面积变化不大，但保有一定的种植面积(图 6-4)。

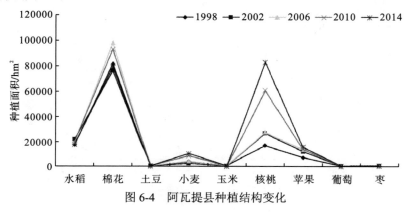

图 6-4　阿瓦提县种植结构变化

6.1.5　阿拉尔市种植结构变化

　　阿拉尔市主要以种植棉花和红枣为主，近 16 年来呈持续增长趋势，1998~2002 年和 2006~2010 年两个时期棉花的种植面积快速增长。2006 年以后，红枣因良好的品质逐步得到外界认可并在其较高的经济利益驱使下，种植面积开始不断扩大，至 2014 年，枣园面积占种植总面积的 22.6%，棉花作为该地区主要的经济作物，其面积仍占据种植总面积的 72.8%(图 6-5)。

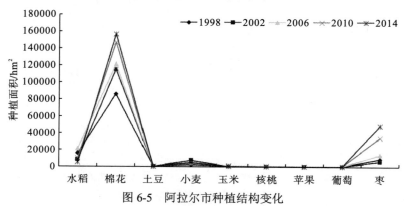

图 6-5　阿拉尔市种植结构变化

6.1.6 沙雅县种植结构变化

灌区所辖范围下游有一定面积位于沙雅县境内,是塔里木河的上游,主要为天然胡杨林和荒漠的过渡形式。近年来,随着人口的增加以及一些不合理的开发利用,一些零星耕地被开发出来种植棉花。从变化的趋势来看,种植面积虽小,但增速很快(图 6-6)。

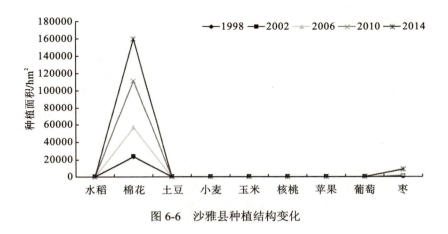

图 6-6 沙雅县种植结构变化

6.2 农田灌溉需水量估算

6.2.1 灌溉方式及定额

表 6-1 阿克苏灌区主要作物类型灌溉定额[*] (单位: m^3/hm^2)

分区	类型	基本灌溉定额				灌溉用水定额			
		常规灌	膜上灌	喷灌	微灌	常规灌	膜上灌	喷灌	微灌
阿克苏市	棉花	5850	5025	4425	4125	6525	5550	4875	4575
	春小麦	3750	3225	2850	2625	4125	3525	3075	2925
	冬小麦	4350	3750	3300	3075	4800	4125	3600	3375
	春玉米	4800	4125	3600	3375	5325	4575	3975	3750
	夏玉米	4800	4125	3600	3375	5400	4575	4050	3825
	水稻	13500	11475	—	—	15300	12975	—	—
	薯类	4800	4125	3600	3375	5400	4575	4050	3825
	葡萄	5850	5025	4425	4125	6525	5550	4875	4575
	果树	5850	5025	4425	4125	6525	5550	4875	4575

续表

分区	类型	基本灌溉定额				灌溉用水定额			
		常规灌	膜上灌	喷灌	微灌	常规灌	膜上灌	喷灌	微灌
阿瓦提县	棉花	6075	5175	4575	4275	6825	5850	5100	4800
	春小麦	3975	3375	3000	2775	4425	3750	3300	3150
	冬小麦	4575	3900	3450	3225	5025	4275	3750	3525
	春玉米	5025	4275	3750	3525	5625	4800	4200	3975
	夏玉米	4875	4125	3675	3450	5475	4650	4125	3825
	葡萄	6225	5325	4650	4350	7050	6000	5325	4950
	果树	6300	5400	4725	4425	7125	6075	5325	5025
沙雅县	棉花	5850	5025	4425	4125	6600	5625	4950	4650
	春小麦	4050	3450	3075	2850	4500	3825	3375	3150
	冬小麦	4800	4125	3600	3375	5250	4500	3975	3675
	春玉米	4950	4200	3750	3450	5475	4650	4125	3825
	夏玉米	4875	4125	3675	3450	5475	4650	4125	3825
	薯类	4950	4200	3750	3450	5550	4725	4200	3900
	葡萄	6000	5100	4500	4200	6750	5775	5100	4725
	果树	6150	5250	4650	4350	6825	5850	5100	4800
温宿县	棉花	5700	4875	4275	3975	6375	5400	4800	4500
	春小麦	3600	3075	2700	2550	3975	3375	3000	2775
	冬小麦	4200	3600	3150	2925	4650	3975	3525	3300
	春玉米	4650	3975	3525	3300	5175	4425	3900	3675
	夏玉米	4650	3975	3525	3300	5250	4500	3975	3675
	水稻	13500	11475	—	—	15300	12975	—	—
	薯类	4650	3975	3525	3300	5250	4500	3975	3675
	葡萄	5700	4875	4275	3975	6375	5400	4800	4500
	果树	5700	4875	4275	3975	6375	5400	4800	4500
乌什县	棉花	5625	4800	4200	3975	6375	5400	4800	4500
	春小麦	3675	3150	2775	2625	4200	3600	3150	2925
	冬小麦	4275	3675	3225	3000	5025	4275	3750	3525
	春玉米	4725	4050	3525	3300	5325	4575	3975	3750
	夏玉米	4575	3900	3450	3225	5100	4350	3825	3600
	水稻	13275	11325	—	—	15000	12750	—	—
	薯类	4725	4050	3525	3300	5325	4575	3975	3750
	葡萄	5775	4950	4350	4050	6375	5400	4800	4500
	果树	6000	5100	4500	4200	6750	5775	5100	4725

* 数据来源于《塔里木河流域阿克苏管理志(2005~2014)》。

阿克苏灌区农田灌溉方式主要分为 4 种，即：常规灌、膜上灌、喷灌和微灌。常规灌即农田自流灌溉方式，包括沟灌、畦灌和块灌等。膜上灌即农田沟或畦覆膜方式的膜上灌、膜侧灌和膜沟灌等方式。喷灌即自压或加压半固定移动式喷灌、喷灌机或移动式喷灌等方式。微灌即自压或加压式微灌、滴灌、膜下滴灌和地下渗灌等方式。

农业用水定额分为基本灌溉定额和灌溉用水定额（均为田间净定额）。基本灌溉定额是灌区作物多年平均相对稳定的灌溉定额，是水资源利用、灌溉用水、农业节水等规划设计的基本技术参数，亦是农业灌溉用水计划和管理的下限指标。灌溉用水定额是在基本定额基础上向上调整的动态灌溉定额，是用于农业灌溉用水计划和管理的上限指标。本书研究在计算灌溉水资源需求分布时采用灌溉用水定额数据。阿克苏灌区主要作物的灌溉定额见表 6-1。

根据 1998 年、2002 年、2006 年、2010 年和 2014 年共 5 个时期遥感解译及对应灌溉定额指标，统一采用微灌方式（水稻除外，采用膜上灌溉方式）测算阿克苏灌区总体需水量数量特征，测算结果如图 6-7 所示，分县统计如图 6-8 所示。

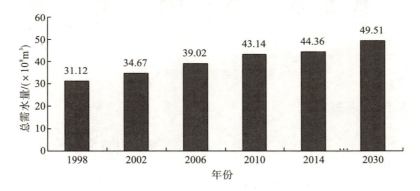

图 6-7　阿克苏灌区总需水量年度变化趋势

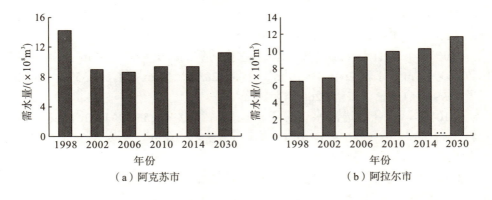

（a）阿克苏市　　　　　　　　　　（b）阿拉尔市

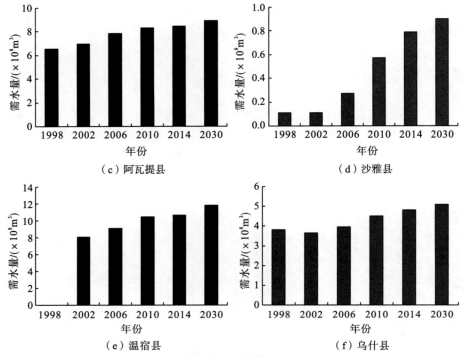

（c）阿瓦提县　　　　　　　　　　　　（d）沙雅县

（e）温宿县　　　　　　　　　　　　　（f）乌什县

图 6-8　分区需水量年度变化趋势

6.2.2　乌什县灌溉需水

1998 年，乌什县灌溉水资源需求总量估算为 $38148.5 \times 10^4 m^3$，其中棉花 $16153.2 \times 10^4 m^3$、水稻 $1257.5 \times 10^4 m^3$、土豆 $340.7 \times 10^4 m^3$、小麦 $1255.9 \times 10^4 m^3$、玉米 $917.2 \times 10^4 m^3$、核桃 $18224.0 \times 10^4 m^3$。

2002 年乌什县灌溉水资源需求总量估算为 $36372.5 \times 10^4 m^3$，其中棉花 $10867.9 \times 10^4 m^3$、水稻 $931.5 \times 10^4 m^3$、土豆 $500.5 \times 10^4 m^3$、小麦 $1891.0 \times 10^4 m^3$、玉米 $1224.8 \times 10^4 m^3$、核桃 $20956.8 \times 10^4 m^3$。

2006 年，乌什县灌溉水资源需求总量估算为 $39549.4 \times 10^4 m^3$，其中棉花 $10475.1 \times 10^4 m^3$、水稻 $2646.4 \times 10^4 m^3$、土豆 $1205.1 \times 10^4 m^3$、小麦 $1357.6 \times 10^4 m^3$、玉米 $1199.8 \times 10^4 m^3$、核桃 $22665.4 \times 10^4 m^3$。

2010 年，乌什县灌溉水资源需求总量估算为 $45153.3 \times 10^4 m^3$，其中棉花 $5243.2 \times 10^4 m^3$、水稻 $8639.5 \times 10^4 m^3$、土豆 $633.4 \times 10^4 m^3$、小麦 $4126.4 \times 10^4 m^3$、玉米 $1109.5 \times 10^4 m^3$、核桃 $25401.3 \times 10^4 m^3$。

2014 年，乌什县灌溉水资源需求总量估算为 $48151.0 \times 10^4 m^3$，其中棉花 $2615.9 \times 10^4 m^3$、水稻 $12728.8 \times 10^4 m^3$、土豆 $334.8 \times 10^4 m^3$、小麦 $2439.6 \times 10^4 m^3$、玉米 $1559.3 \times 10^4 m^3$、核桃 $27507.7 \times 10^4 m^3$、杏 $901.6 \times 10^4 m^3$、枣 $63.3 \times 10^4 m^3$。

6.2.3　温宿县灌溉需水

2002 年，温宿县灌溉水资源需求总量估算为 80941.1×10^{4}m^3，其中棉花 34375.1×10^{4}m^3、水稻 28446.4×10^{4}m^3、小麦 638.6×10^{4}m^3、玉米 0.4×10^{4}m^3、核桃 12165.9×10^{4}m^3、苹果 5310.0×10^{4}m^3、枣 4.7×10^{4}m^3。

2006 年，温宿县灌溉水资源需求总量估算为 90675.1×10^{4}m^3，其中棉花 44191.1×10^{4}m^3、水稻 25512.7×10^{4}m^3、小麦 1160.2×10^{4}m^3、玉米 77.3×10^{4}m^3、核桃 12536.1×10^{4}m^3、苹果 6115.3×10^{4}m^3、枣 1082.4×10^{4}m^3。

2010 年，温宿县灌溉水资源需求总量估算为 104360.3×10^{4}m^3，其中棉花 41955.7×10^{4}m^3、水稻 26085.7×10^{4}m^3、小麦 2490.8×10^{4}m^3、玉米 7.8×10^{4}m^3、核桃 27434.5×10^{4}m^3、苹果 6235.1×10^{4}m^3、枣 150.7×10^{4}m^3。

2014 年，温宿县灌溉水资源需求总量估算为 106380.3×10^{4}m^3，其中棉花 35614.6×10^{4}m^3、水稻 23048.9×10^{4}m^3、小麦 3085.5×10^{4}m^3、玉米 44.4×10^{4}m^3、核桃 37384.7×10^{4}m^3、苹果 7049.8×10^{4}m^3、枣 152.4×10^{4}m^3。

6.2.4　阿克苏市灌溉需水

1998 年，阿克苏市灌溉水资源需求总量估算为 142240.9×10^{4}m^3，其中棉花 81091.4×10^{4}m^3、水稻 37036.0×10^{4}m^3、小麦 1950.3×10^{4}m^3、玉米 154.2×10^{4}m^3、核桃 11765.9×10^{4}m^3、苹果 7857.5×10^{4}m^3、枣 2385.6×10^{4}m^3。

2002 年，阿克苏市灌溉水资源需求总量估算为 90143.3×10^{4}m^3，其中棉花 43784.5×10^{4}m^3、水稻 34152.4×10^{4}m^3、小麦 535.3×10^{4}m^3、核桃 2762.2×10^{4}m^3、苹果 5232.1×10^{4}m^3、枣 3676.8×10^{4}m^3。

2006 年，阿克苏市灌溉水资源需求总量估算为 86143.9×10^{4}m^3，其中棉花 54116.7×10^{4}m^3、水稻 16484.2×10^{4}m^3、小麦 1055.5×10^{4}m^3、核桃 5619.0×10^{4}m^3、苹果 4682.7×10^{4}m^3、枣 4185.8 万 m^3。

2010 年，阿克苏市灌溉水资源需求总量估算为 93943.2×10^{4}m^3，其中棉花 52448.8×10^{4}m^3、水稻 18766.4×10^{4}m^3、小麦 1353.6×10^{4}m^3、玉米 90.7×10^{4}m^3、核桃 8256.8×10^{4}m^3、苹果 5747.7×10^{4}m^3、枣 7279.2×10^{4}m^3。

2014 年，阿克苏市灌溉水资源需求总量估算为 93765.9×10^{4}m^3，其中棉花 56847.4×10^{4}m^3、水稻 11729.4×10^{4}m^3、小麦 1923.3×10^{4}m^3、玉米 83.4×10^{4}m^3、核桃 9085.4×10^{4}m^3、苹果 5413.5×10^{4}m^3、枣 8683.5×10^{4}m^3

6.2.5　阿瓦提县灌溉需水

1998 年，阿瓦提县灌溉水资源需求总量估算为 65357.4×10^{4}m^3，其中棉花

49780.3×10⁴m³、水稻 5820.1×10⁴m³、小麦 461.5×10⁴m³、核桃 9154.2×10⁴m³、枣 141.3×10⁴m³。

2002 年，阿瓦提县灌溉水资源需求总量估算为 69591.0×10⁴m³，其中棉花 58874.2×10⁴m³、水稻 5564.9×10⁴m³、小麦 312.1×10⁴m³、核桃 3833.5×10⁴m³、葡萄 292.5×10⁴m³、枣 713.8×10⁴m³。

2006 年，阿瓦提县灌溉水资源需求总量估算为 78203.9×10⁴m³，其中棉花 64188.8×10⁴m³、水稻 3319.3×10⁴m³、小麦 635.5×10⁴m³、玉米 14.2×10⁴m³、核桃 9751.1×10⁴m³、葡萄 173.3×10⁴m³、枣 121.7×10⁴m³。

2010 年，阿瓦提县灌溉水资源需求总量估算为 82848.7×10⁴m³，其中棉花 70961.8×10⁴m³、水稻 663.9×10⁴m³、小麦 757.6×10⁴m³、核桃 7596.1×10⁴m³、葡萄 274.6×10⁴m³、枣 2594.7×10⁴m³。

2014 年，阿瓦提县灌溉水资源需求总量估算为 84505.7×10⁴m³，其中棉花 73351.8×10⁴m³、水稻 239.4×10⁴m³、小麦 736.6×10⁴m³、玉米 22.4×10⁴m³、核桃 7122.1×10⁴m³、葡萄 274.6×10⁴m³、枣 2758.8×10⁴m³。

6.2.6　阿拉尔市灌溉需水

1998 年，阿拉尔市灌溉水资源需求总量估算为 64343.1×10⁴m³，其中棉花 40171.0×10⁴m³、水稻 19397.6×10⁴m³、小麦 640.3×10⁴m³、玉米 15.1×10⁴m³、核桃 18.4×10⁴m³、葡萄 53.5×10⁴m³、枣 4047.2×10⁴m³。

2002 年，阿拉尔市灌溉水资源需求总量估算为 68513.2×10⁴m³，其中棉花 53681.7×10⁴m³、水稻 9826.1×10⁴m³、小麦 2305.3×10⁴m³、枣 2700.1×10⁴m³。

2006 年，阿拉尔市灌溉水资源需求总量估算为 92912.7×10⁴m³，其中棉花 56544.5×10⁴m³、水稻 26586.1×10⁴m³、小麦 1391.0×10⁴m³、核桃 1973.0×10⁴m³、枣 6418.1×10⁴m³。

2010 年，阿拉尔市灌溉水资源需求总量估算为 99386.5×10⁴m³，其中棉花 68587.7×10⁴m³、水稻 12459.5×10⁴m³、土豆 969.5×10⁴m³、小麦 1237.9×10⁴m³、玉米 267.7×10⁴m³、核桃 106.2×10⁴m³×10⁴、葡萄 8.1×10⁴m³、枣 15749.9×10⁴m³。

2014 年，阿拉尔市灌溉水资源需求总量估算为 102923.3×10⁴m³，其中棉花 73244.8×10⁴m³、水稻 5785.3×10⁴m³、小麦 1506.6×10⁴m³、玉米 93.5×10⁴m³、核桃 39.2×10⁴m³、葡萄 27.0×10⁴m³、枣 22226.9×10⁴m³。

6.2.7　沙雅县灌溉需水

1998 年，沙雅县灌溉水资源需求总量估算为 1085.4×10⁴m³，其中棉花 1083.4×10⁴m³、枣 2.0×10⁴m³。

2002 年，沙雅县灌溉水资源需求总量估算为 $1129.2 \times 10^4 m^3$，其中棉花 $1096.5 \times 10^4 m^3$，枣 $32.7 \times 10^4 m^3$。

2006 年，沙雅县灌溉水资源需求总量估算为 $2722.5 \times 10^4 m^3$，其中棉花 $2625.9 \times 10^4 m^3$，枣 $96.6 \times 10^4 m^3$。

2010 年，沙雅县灌溉水资源需求总量估算为 $5720.8 \times 10^4 m^3$，其中棉花 $5185.3 \times 10^4 m^3$、水稻 $112.5 \times 10^4 m^3$、枣 $423.0 \times 10^4 m^3$。

2014 年，沙雅县灌溉水资源需求总量估算为 $7915.6 \times 10^4 m^3$，其中棉花 $7436.8 \times 10^4 m^3$、小麦 $73.7 \times 10^4 m^3$、枣 $405.1 \times 10^4 m^3$。

6.3　灌溉水来水估算

阿克苏灌区灌溉供水主要由大河来水、机电井水、降水、区间山洪与泉水组成。

6.3.1　大河来水

6.3.1.1　径流的年内变化特征

以阿克苏河西大桥、依玛帕夏两个水文站作为阿克苏河径流量的节点，分析阿克苏河多年月均径流量的变化特点。阿克苏河年均径流量变化如图 6-9 所示。阿克苏河径流量的年均变化呈现典型的冰川融雪性干旱区河流特点，即径流量在夏季远高于其他季节，具体为夏季(6~8 月)＞秋季(9~11 月)＞春季(3~5 月)＞冬季(12 月~次年 2 月)的关系。其中，夏季(6~8 月)径流量占全年总径流量的 59.9%，8 月径流量最大，西大桥站为 $634.5 m^3/s$，依玛帕夏站为 $486.3 m^3/s$。

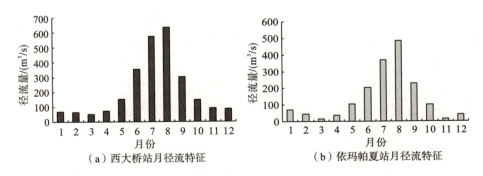

（a）西大桥站月径流特征　　　　　　（b）依玛帕夏站月径流特征

图 6-9　水文站月均径流量变化

6.3.1.2　径流的年际变化特征

1990~2013 年，阿克苏河流域径流量(包括托什干河、库玛拉克河、叶尔羌河、台兰河、和田河的总量)变化如图 6-10 所示。阿克苏河流域多年平均径流量

为 $91.5×10^8m^3$。其中最大径流量为 2002 年的 $112.36×10^8m^3$，最小径流量为 2009 年的 $68.76×10^8m^3$。年际变异系数为 0.137，表明近 23 年来，阿克苏河年径流量存在较大的年际变化。1990~1994 年，负距平集中出现；1994~2004 年，正距平集中出现（1995 年为正距平）；2004~2009 年，负距平集中出现；2009~2012 年正负距平交替出现。对距平变化的分析表明，阿克苏河流域来水量多倾向于连续偏丰或连续偏枯。从径流量变化趋势可以看出，径流量在 2010 年以后开始有略微抬升的趋势。

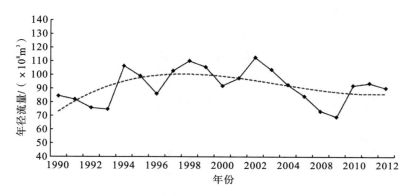

图 6-10　径流量年际变化

6.3.2　机电井水

阿克苏灌区除大河来水供给外,还修建了大量机井开采地下水协同灌溉（表6-2）。大部分地下水主要用于人畜和工业用水，较缺水地区依靠机井协同灌溉。

表 6-2　2014 年阿克苏灌区机电井情况

县市	机井数量/个	单井出水量/m³	年提水量/×10⁴m³
乌什县	362	50	294
温宿县	380	60	341
阿克苏市	3988	80	2543
阿瓦提县	128	50	264
阿拉尔市	134	50	283

2014 年，阿克苏灌区共有机井数量 4992 个，年提水量为 $3725×10^4m^3$，其中 $1586×10^4m^3$ 主要用于人畜和工业用水，用于灌溉用水为 $2139×10^4m^3$。地下水开采高峰期为 5~9 月，用于填补高峰期灌溉用水的短缺，但仍有不足，预计灌区机井数量增至 6000 个，年提水量为 $4477×10^4m^3$,可用于灌溉的用水达 $2891×10^4m^3$。

6.3.3　降水

阿克苏地区气候干燥，降水稀少，年平均降水量仅为 40~60mm，不仅对灌区作物的生长不起作用，降水反而会对灌区瓜果类作物带来严重的不良影响。

6.3.4　区间山洪与泉水

库玛拉克河协拉水文断面和托什干河沙里桂兰克断面以下、阿克苏西大桥水文断面以上，尚有区间来水面积，来水主要形式为山洪和泉水。由阿克苏水文水资源勘测局的调查显示，阿克苏灌区常年山泉总量为 $5.84 \times 10^8 m^3$，区间山洪总量为 $2.84 \times 10^8 m^3$，区间山洪与泉水产流总量为 $8.68 \times 10^8 m^3$。其中一部分山洪与泉水在产汇流的过程中消耗殆尽，能用于灌溉的水量为 $6.08 \times 10^8 m^3$。

6.4　阿克苏灌区现状年供需水量平衡分析

综上分析计算可得，阿克苏河流域多年平均可用水资源总量为 $97.87 \times 10^8 m^3$。阿克苏灌区用水由农业用水、人畜和工业用水以及林地和天然牧草的生态需水组成。其中，人畜和工业用水主要靠开采地下水提供，林地和天然牧草地的生态用水主要依靠大河来水满足。套用相应的指标测算，灌区每年用于林地和天然牧草地的生态用水为 $16.38 \times 10^8 m^3$、人畜用水为 $0.4 \times 10^8 m^3$、工业用水为 $1.32 \times 10^8 m^3$、服务业用水为 $0.33 \times 10^8 m^3$，向塔河泄水 $31.48 \times 10^8 m^3$。基于水量平衡原理可得，灌区自然年份能够用于农田灌溉用水的总水量为 $47.95 \times 10^8 m^3$。

缺水率可定量、直观表达一个地区的缺水量和缺水程度。计算公式如下：

$$\beta = \frac{W_y - W_s}{W_y} \times 100\% \tag{6-1}$$

式中，β 为某一地区的缺水率；W_y 为实际需水量；W_s 为可配水量。

2014年，以常规灌溉方式计算，阿克苏灌区农田灌溉实际需水量为 $61.71 \times 10^8 m^3$，灌区缺水量达 $13.76 \times 10^8 m^3$；以膜上灌溉方式计算，灌区农田灌溉的实际需水量为 $52.56 \times 10^8 m^3$，缺水量达 $4.6 \times 10^8 m^3$；以喷灌方式计算（水稻采用常规灌），灌区农田灌溉的实际需水量为 $47.83 \times 10^8 m^3$，在来水为多年平均水量时，盈余 $0.13 \times 10^8 m^3$；以微灌方式计算（水稻采用常规灌），灌区农田灌溉的实际需水量为 $45.25 \times 10^8 m^3$，盈余 $2.71 \times 10^8 m^3$（表6-3）。

表 6-3　2014 年不同灌溉模式需水量余缺状况　　　（单位：$\times 10^8 \mathrm{m}^3$）

灌溉模式	需水	可用	盈余	缺水率
常规灌	61.71	47.96	-13.76	22.29
膜上灌	52.56	47.96	-4.6	8.75
喷灌	47.83	47.96	0.13	—
微灌	45.25	47.96	2.71	—

　　为深入了解灌区近年来灌溉需水量的余缺变化过程，考虑到过去灌溉方式较为粗放，统一采用常规灌溉方式计算阿克苏灌区各分区灌溉水资源的供需平衡状况。从表 6-4 可知，1998～2014 年阿克苏灌区灌溉水资源由盈余到短缺的变化过程，各分区缺水程度不同。1998 年阿克苏灌区的水量盈余 $3.74 \times 10^8 \mathrm{m}^3$，各地区的灌水定额均有剩余；2002 年全灌区缺水 $0.87 \times 10^8 \mathrm{m}^3$，缺水率为 1.82%；2006年灌区缺水 $7.10 \times 10^8 \mathrm{m}^3$，缺水率为 13.20%；2010 年缺水 $12.47 \times 10^8 \mathrm{m}^3$，缺水率为 20.90%。

表 6-4　阿克苏灌区水量供需平衡表（采用常规灌溉模式）

年份	分区	可配水量/($\times 10^8 \mathrm{m}^3$)	实际需水量/($\times 10^8 \mathrm{m}^3$)	余缺/($\times 10^8 \mathrm{m}^3$)	缺水率/%
	乌什	5.50	5.40	0.10	—
	阿克苏	9.80	9.56	0.24	—
	温宿	10.10	9.81	0.29	—
1998	阿瓦提	10.20	9.15	1.05	—
	阿拉尔	10.80	8.77	2.03	—
	沙雅	0.18	0.15	0.03	—
	全区	46.58	42.84	3.74	
	乌什	5.50	5.16	0.34	—
	阿克苏	9.80	12.01	-2.21	18.42
	温宿	10.10	10.79	-0.69	6.41
2002	阿瓦提	10.20	9.76	0.44	—
	阿拉尔	10.80	9.56	1.24	—
	沙雅	0.18	0.16	0.02	—
	全区	46.58	47.44	-0.86	1.82
	乌什	5.50	5.57	-0.07	1.24
	阿克苏	9.80	11.88	-2.08	17.49
2006	温宿	10.10	12.24	-2.14	17.48
	阿瓦提	10.20	11.03	-0.83	7.56
	阿拉尔	10.80	12.70	-1.90	14.93

年份	分区	可配水量/(×10⁸m³)	实际需水量/(×10⁸m³)	余缺/(×10⁸m³)	缺水率/%
	沙雅	0.30	0.39	-0.09	22.37
	全区	46.70	53.81	-7.11	13.20
	乌什	5.50	6.23	-0.73	11.66
	阿克苏	9.80	12.93	-3.13	24.23
	温宿	10.10	14.17	-4.07	28.70
2010	阿瓦提	10.20	11.76	-1.56	13.26
	阿拉尔	10.80	13.78	-2.98	21.60
	沙雅	0.80	0.81	-0.01	1.16
	全区	47.20	59.68	-12.48	20.90
	乌什	5.50	6.42	-0.92	14.39
	阿克苏	9.80	13.08	-3.28	25.08
	温宿	10.80	14.52	-3.72	25.64
2014	阿瓦提	10.20	12.01	-1.81	15.04
	阿拉尔	10.80	14.56	-3.76	25.81
	沙雅	0.80	1.12	-0.32	28.81
	全区	47.90	61.71	-13.81	22.39

6.5 小 结

本章基于阿克苏灌区 5 期遥感解译结果，分析了灌区各县的种植结构特征。采用不同分区、不同作物类型的灌溉定额指标，套用微灌方式，测算了 1998 年、2002 年、2006 年、2010 年和 2014 年各主要类型作物的灌溉需求量。本章使用阿克苏各主要水文站多年观测数据及相关水文历史资料，估算了阿克苏河流域水平年的地表径流量、地下水开采量、区间山洪与泉水量，得到灌区多年水资源数量年平均值。依据塔里木河流域水量下放指标，得出灌区的可供水数量，在此基础上对灌区 5 个时期水资源的供需平衡状况做出评价。

阿克苏灌区种植结构分县域具有明显的区域特色。水浇地种植方面，各县均以棉花为主要种植类型，水稻集中分布于温宿和乌什；阿拉尔和阿瓦提有部分棉花种植，且种植水稻的目的主要是用于改良多年种植棉花的棉田。果园种植方面，乌什和温宿县以核桃种植为主，温宿另有部分苹果分布；阿克苏市和阿瓦提县以种植核桃为主，有部分红枣分布；阿拉尔市是阿克苏灌区红枣示范基地，果园多以红枣为主。

阿克苏河径流量的年均变化呈典型的冰川融雪性干旱区河流特点，即径流量在夏季远高于其他季节，具体为夏季(6~8 月)＞秋季(9~11 月)＞春季(3~5 月)＞冬季(12 月~次年 2 月)，多年平均径流量为 $91.5×10^8 m^3$。2014 年阿克苏灌区共有机井 4992 个，年提水量为 $3725×10^4 m^3$，区间山洪和泉水年可供灌溉水量为 $6.08×10^8 m^3$，除去生活用水、人畜用水、工业用水、生态用水及向塔里木河的泄水指标，水平年可用于供给农业灌溉的总水量为 $47.95×10^8 m^3$。

用不同灌溉模式计算，2014 年，采用常规灌溉模式缺水 $13.76×10^8 m^3$，采用膜上灌溉模式缺水 $4.6×10^8 m^3$，采用喷灌方式盈余 $0.13×10^8 m^3$，采用微灌模式盈余 $2.71×10^8 m^3$。

按照常规灌溉模式计算，1998~2014 年，阿克苏灌区灌溉水量经历了从盈余到缺水的过程。从 2002 年开始，全区缺水率达 1.82%，至 2010 年全区缺水率达到 20.90%，至 2014 年缺水率为 22.39%。

第7章 阿克苏灌区灌溉水资源空间配置优化

阿克苏灌区灌溉引水量与灌区灌溉用水矛盾突出，并且这种矛盾随着地区经济发展将进一步恶化，各部门之间对水资源的争夺将更加激烈，农业灌溉引水量将更为紧缺(张文剑，2014)。仅从地区需水量和供水量总体反映地区水资源的供需平衡并不足以准确体现地区水资源的承载能力。因此，引进水资源承载力的概念，定量分析影响干旱区水资源供需矛盾中的主要影响因子，综合评判地区水资源开发利用现状，可为解决地区水资源供需矛盾问题寻找突破口，对区域水土资源的合理优化配置具有重要意义。

灌溉面积超载与灌溉引水量有限是当前阿克苏灌区水资源管理面临的棘手问题。为了保证向塔里木河的泄水指标，满足中、下游农业灌溉与生态用水，只能通过自身的及时、合理调配才能使灌区在有限的水资源供给下获得最高的社会经济效益。要从长远角度解决灌区水资源不足以及各地方、各部门争抢水权的问题，优化灌区种植结构是最好的解决办法(王志成，2017c)。从农业发展的根本点出发，提出一套灌溉需水量持续减少、作物产量及经济效益持续增加的种植结构优化配置方案已成为阿克苏灌区水资源管理和研究领域的一项核心科学问题。

7.1 研 究 方 法

7.1.1 作物需水量估算方法

在实际生产中，通常用定额法计算农田灌溉需水量(马莉，2011)，本书研究在计算灌溉水资源需求分布时采用灌溉用水定额数据。定额法的计算公式为

$$W_{Lj} = \eta_j \times K_{Lj} \times F_j \tag{7-1}$$

式中，j 为第 j 类作物；W_{Lj} 为第 j 类作物灌溉需水量；η_j 为灌水利用系数；K_{Lj} 为第 j 类作物灌溉定额；F_j 为第 j 类作物灌溉面积。

7.1.2 水资源承载力分析方法

对阿克苏灌区水资源承载力可以用模糊综合评判原理进行综合评价。模糊综合评判方法常运用于地理学中。例如资源与环境评价、生态评价、区域可持续发展评价等方面。综合评判模型的思路如下。

设给定两个有限论域：

$$U = \{u_1, u_2, \cdots, u_m\} \tag{7-2}$$

$$V = \{v_1, v_2, \cdots, v_n\} \tag{7-3}$$

式中，U 为综合评判的因素所组成的集合；V 为评语所组成的集合，则模糊综合评判为下列模糊变换：

$$B = A \cdot R \tag{7-4}$$

式中，A 为 U 的模糊子集，评判结果 B 是 V 的模糊子集，表示为

$$A = (a_1, a_2, \cdots, a_i), \qquad 0 \leqslant a_i \leqslant 1 \tag{7-5}$$

$$B = (b_1, b_2, \cdots, b_i), \qquad 0 \leqslant b_i \leqslant 1 \tag{7-6}$$

式中，a_i 是指标 u_i 对子集 A 的隶属度，而 b_i 则为子集 v_i 对综合评定所得模糊子集 B 的隶属度，他们表示综合评判的结果。

评判矩阵的表达式为

$$R = \begin{bmatrix} r_{11} & r_{12} & \cdots & r_{1j} \\ r_{21} & r_{22} & \cdots & r_{2j} \\ \vdots & \vdots & & \vdots \\ r_{i1} & r_{i2} & \cdots & r_{ij} \end{bmatrix} \tag{7-7}$$

式中，r_{ij} 表示因素 u_i 的评价对等级 v_i 的隶属度，矩阵 R 中第 i 行 $(r_{i1}, r_{i2}, \cdots, r_{ij})$ 为第 i 个因素 u_i 的单因素评判结果。评价计算中 $A = (a_1, a_2, \cdots, a_i)$ 代表各因素对综合评判重要程度的权系数。模糊变换 $A * R$ 即退化为普通矩阵的计算。即

$$b_i = \min \left\{ 1, \sum_{i=1}^{m} a_i r_{ij} \right\} \tag{7-8}$$

7.1.3　水资源需求预测方法

灰色预测法的基本原理是通过鉴别系统因素间发展趋势的相异程度进行关联分析，对原始数据生成处理来寻找系统变动的规律，进而生成有较强规律性的数据系列，最后建立灰色预测模型。灰色预测中的 GM(1,1) 模型是关于数列预测的一个变量，是一阶微分模型(赖明华，2004；张文娜，2014)。

灰色预测法相较于其他方法比较简洁实用，应用较少数据即能进行建模和预测。当预测对象的数据序列符合灰色模型变化规律时，其预测精度较高。

7.1.4　灌溉水资源优化配置方法

7.1.4.1　层次分析法

层次分析法(analytic hierarchy process，AHP)是美国匹兹堡大学教授 Satty 在

20 世纪 70 年代提出的。AHP 法是一种定性与定量相结合的多目标决策方法,适用于解决定性指标定量化的问题。灌区农业灌溉用水分配涉及经济、社会、环境等多方面因素,其中定性和定量因子共存,属于典型的定性与定量相结合的问题。

层次分析法一般包括如下步骤。

(1)层次结构模型的建立。对问题进行系统分析后,找出问题中的主要影响因素并对这些因素进行层次划分,一般划分为目标层、准则层、指标层和方案层等不同层次。

(2)构造判断矩阵。对于从属于上一层每个因素的同一层诸因素,用成对比较法和 1~9 及其倒数的标度方法构造成对比较阵,直到最下层。

(3)对判断矩阵 A,求得 $AW = \lambda_{max}W$ 的解 W,通过归一化计算,便可对比同一层次相应因素与上一层次某一因素的相对重要性,这种相对重要性排序权值的过程称为层次单排序。

(4)层次总排序。对同一层次的所有因素与总目标进行重要性比较时,这种排序权值即层次总排序。层次总排序向量为

$$G_0 = \left[\sum_{i=1}^{n} b_i p_1^i \sum_{i=1}^{n} b_i p_2^i, \cdots, \sum_{i=1}^{n} b_i p_n^i \right]^{\mathrm{T}} \tag{7-9}$$

式中,$(b_1, b_2, \cdots, b_m)$ 为上一层次的全部元素 $(B_1, B_2, \cdots, B_n)$ 的层次总排序已完成所得到的数值,与之对应的本层次元素为 $(P_1, P_2, \cdots, P_m)$,它的单排序结果为 $(P_1^i, P_2^i, \cdots, P_m)$ $(i = 1, 2, 3, \cdots, m)$。

7.1.4.2　多目标规划模型

水资源配置是一个贯穿社会、经济和环境的诸多方面,涉及多个用户的多目标、多种类和多层次的问题。多目标规划的基本思路是把多目标问题转化为单目标问题,进而用单目标方法进行水资源优化的方法。根据决策者的目的,构造将多个目标 vp 转化为单个目标 sp 的函数,化简为单目标优化问题进行求解。其基本思路可由如下数学模型表示:

$$(vp) : \min F(x) = (f_1(x), f_2(x), \cdots, f_p(x))^{\mathrm{T}} \tag{7-10}$$

针对 vp 构造评价函数 $U(x) = u[F(X)]$,然后将其作为目标函数,建立以下单目标规划模型:

$$(sp) : \min U(x) = u[F(x)] \tag{7-11}$$

把 sp 的最优解作为 vp 的有效解或弱有效解,将这种方法称为评价函数法。这类方法包括线性加权和法、极大极小法、理想点法等(彭晶,2013)。

7.1.4.3　线性规划模型

线性规划是一种合理利用、调配资源的数学方法。该模型的基本思路为:在

满足某种约束条件下，使预定模型达到最优。其所解决的问题主要包括如下方面：①给定系统任务，怎样合理规划、精细安排、用最少的资源实现任务，是求解最小值的数学问题；②给定资源数量，怎样利用分配，使目标完成得最多，是求极大值的问题。线性规划模型的一般形式为

目标函数：

$$\max(\min)f = c_1x_1 + c_2x_2 + \cdots + c_nx_n \tag{7-12}$$

约束条件：

$$\begin{cases} a_{11}x_1 + a_{12}x_2 + \cdots + a_{1n}x_j \leqslant b_1 \\ a_{21}x_1 + a_{22}x_2 + \cdots + a_{2n}x_j \leqslant b_2 \\ \vdots \qquad\qquad\qquad \vdots \\ a_{m1}x_1 + a_{m2}x_2 + \cdots + a_{mn}x_j \leqslant b_m \end{cases} \tag{7-13}$$

变量约束：

$$x_j \geqslant 0 \text{或} x_j \leqslant 0 \qquad (j = 1,2,3,\cdots,n) \tag{7-14}$$

7.2　结　果　分　析

7.2.1　阿克苏灌区需水预测分析

水资源需求预测是在一定理论和方法引导下，研究社会、经济和生态环境等需水要素的发展规律，对其可能产生的后果和趋势做出定性、定量预测的研究。进行需水预测的研究旨在为水资源的优化配置和产业结构的调整提供科学的决策信息(Bayer，1997)。在进行需水预测时，需要系统分析历年用水情况及用水现状，以社会发展指标为依据并遵循以下原则(陈小强，2010)：

①基于用水现状，考虑节水等技术的提高，从而进行需水量预测；

②与当地人口、社会经济发展以及生态用水相协调；

③考虑国民经济中宏观产业结构的调整变化；

④重视基础资料，根据历年用水情况进行规律和趋势分析；

⑤统筹安排各个部门用水量，遵循生活用水优先原则。

针对 GM(1,1) 的特点，选择近 16 年的数据资料(1998～2013 年的社会经济统计数据)，分别建立各自变量的灰色 GM(1,1) 模型。

7.2.1.1　生活需水量预测

根据阿克苏灌区社会经济统计数据可知，阿克苏河流域 2013 年总人口为 245.76×10^4 人，其中农村人口为 88.11×10^4 人，占总人口的 35.85%，城镇人口为 157.65×10^4 人，占总人口的 64.15%(图 7-1)。

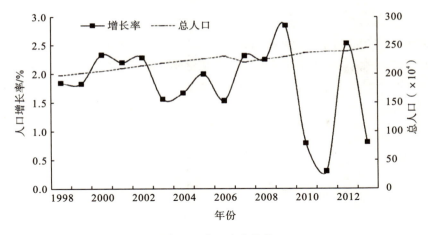

图 7-1　人口变化趋势

采用灰色预测法，根据灰色预测 GM（1,1）模型计算公式，在 MATLAB 软件中求得 $a=-0.0125$，$u=201.7081$，则人口增长的灰色预测模型为

$$\hat{x}^{(0)}(k) = (1-e^{-0.0125})\left(x(0)^{(1)} + \frac{201.7081}{0.0125}\right)e^{0.0125(k-1)} \qquad (k=2,3,\cdots,N) \qquad (7-15)$$

生活需水量一般按人均定额计算，参考《新疆城市居民生活用水标准》及《阿克苏市"十二五"规划》对 2017 年、2020 年生活需水量进行预测。

居民生活用水定额：现状年定额为 100 L/（人·d），拟定 2017 年、2020 年的用水定额分别为 105 L/（人·d）、110 L/（人·d）。计算各年的生活需水量如表 7-1 所示。

表 7-1　生活需水预测值

年份	人口/（×10⁴ 人）	用水定额/［L/人·d］	需水量/（×10⁴m³）
2014	245.76	100	0.36
2017	254.01	105	0.40
2020	260.43	110	0.44

7.2.1.2　农业生产需水量预测

阿克苏灌区农业生产主要是以发展种植业为主的农业发展模式，种植业是灌区的主要耗水单位，因此按照种植业需水量来代替农业生产总需水量。阿克苏灌区的农业种植模式受到政策、农产品价格、灌溉水供给条件等一系列不确定性因素影响，很难用一种模型准确预估未来灌区的种植结构。参照《阿克苏市"十二五"规划》，预计 2017 年阿克苏灌区农业种植面积将达 105×10⁴hm²，2020 年灌区农业种植面积将达 110×10⁴hm²。

灌区 1999 年以来综合灌溉定额及灌水利用系数变化如图 7-2 所示。自 1999

年以来,灌区灌溉用水综合灌溉定额呈现逐年降低趋势,由 1999 年的 5955m³/hm² 逐年降低至 2011 年的 5295m³/hm²,到 2014 年整个灌区的综合灌溉定额为 5150m³/hm²,预计 2020 年灌区的综合灌溉定额将降至 4995m³/hm²。随着灌区内水利设施的不断完善,灌区灌溉水利用系数将不断提高(表 7-2)。

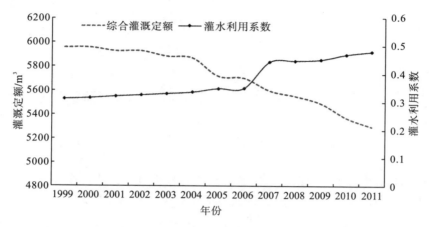

图 7-2　灌溉定额与灌水利用系数变化

表 7-2　农业需水量预测值

水平年	灌溉面积/(×10⁴hm²)	综合灌溉定额/(m³/hm²)	综合灌溉需水/(×10⁸m³)
2014	96.92	5150	49.91
2017	105.00	5050	53.03
2020	110.00	4995	54.95

7.2.1.3　第二产业需水量预测

工业生产需水量按万元产值用水量估算,工业产值采用灰色预测模型 GM(1,1)进行预测。2013 年阿克苏灌区第二产业总产值为 218.34×10⁸ 元,与农业产值几乎持平,图 7-3 为阿克苏市近 16 年来第二产业增长变化趋势。

工业生产需水按工业万元总产值所消耗水量的平均定额估算,公式如下:

$$W_i = X_i Q_i \tag{7-16}$$

式中,W_i 为第 i 年工业需水量(m³);Q_i 为工业万元总产值所消耗的水量(m³/万元);X_i 为第 i 年工业的生产总值(万元)。

工业生产总值采用灰色预测法,根据灰色预测 GM(1,1)模型计算公式,在 MATLAB 软件中求得 $a=-0.2070$,$u=6.0583$,则阿克苏地区工业生产总值的灰色预测 GM(1,1)模型为

$$\hat{x}^{(0)}(k) = (1-\mathrm{e}^{-0.2070})\left(x(0)^{(1)}+\frac{6.0583}{0.2070}\right)\mathrm{e}^{0.2070(k-1)} \qquad (k=2,3,\cdots,N) \qquad (7\text{-}17)$$

综合考虑工业节水措施不断提高、新技术设备不断投入等相关因素，预测 2014 年阿克苏地区的工业生产总值为 240.34×10^8 元，预测 2017 工业生产总值达 363.51×10^8 元，到 2020 年地区工业生产总值将达 447.09×10^8 元(表 7-3)。

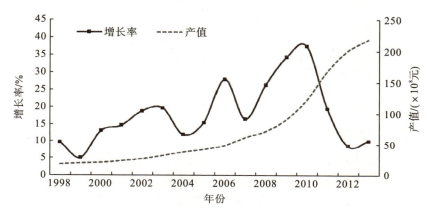

图 7-3　第二产业产值变化

表 7-3　第二产业需水量预测值

水平年	工业生产总值/($\times10^8$ 元)	需水量/($\times10^8\mathrm{m}^3$)
2014	240.34	1.32
2017	363.51	1.82
2020	447.09	2.01

7.2.1.4　第三产业需水量预测

第三产业主要包括商业、餐饮、交通运输、仓储、邮电通信、地质勘查、水利管理、金融保险、房地产、卫生、科研、文艺、社会团体和国家行政机关及其他服务业。阿克苏灌区第三产业的增长模式符合灰色预测法模型，地区第三产业生产总值变化趋势如图 7-4 所示。

根据阿克苏第三产业的统计数据，采用灰色预测 GM(1,1) 模型计算公式，在 MATLAB 软件中求得 $a=-0.1708$，$u=15.2528$，则第三产业生产总值增长的灰色预测模型为

$$\hat{x}^{(0)}(k) = (1-\mathrm{e}^{-0.1708})\left(x(0)^{(1)}+\frac{15.2528}{0.1708}\right)\mathrm{e}^{0.1708(k-1)} \qquad (k=2,3,\cdots,N) \qquad (7\text{-}18)$$

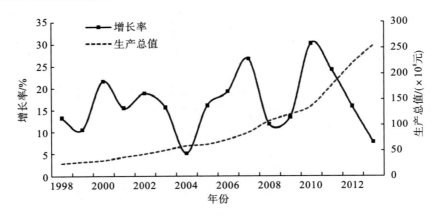

图 7-4 第三产业产值变化

7.2.1.5 生态需水量预测

广义的生态用水是用于维持地球生态系统水分平衡所需水量，包括水热平衡、水沙平衡、水盐平衡等。狭义的生态用水是用于维护生态环境不再恶化并能逐渐改善所需要消耗的水的总量，包括保护和恢复陆地天然植被及生态环境的用水量。结合研究区实际情况，本节认为灌区内的生态需水主要包括城镇绿化生态需水、农田防护林需水、天然牧草需水和天然胡杨林需水。其中，农田防护林需水可以规划在农田灌溉用水之中。阿克苏灌区现已实施严格的垦荒管理制度，严禁破坏和占用天然林地，畜牧业由于得到政策支持，牧草地面积将会增加，增加面积借鉴《阿克苏河流域志》中的灌区规划。需水量采用面积定额法计算，预测结果如表 7-4 所示。

表 7-4 生态需水量预测值

水平年	林地面积/hm²	牧草地面积/hm²	城镇绿化面积/hm²	需水量/(×10⁸m³)
2014	325500	33020	8300	16.38
2017	330000	35000	10000	17.42
2020	336000	39000	12500	18.22

7.2.1.6 总需水量预测

各需水部门的需水量之和即总需水量。其中，农业需水量按照综合灌溉定额计算(表 7-5、图 7-5)。

表 7-5 需水总量预测汇总   (单位：×10⁸m³)

水平年	生活需水量	农业需水量	工业需水量	第三产业需水量	生态需水量	合计
2014	0.36	49.91	1.32	0.33	16.38	68.30
2017	0.40	53.03	1.82	0.42	17.42	73.09
2020	0.44	54.95	2.01	0.46	18.22	76.08

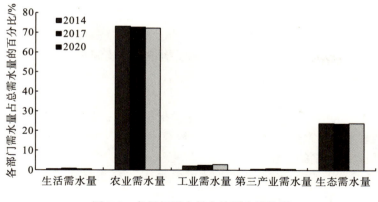

图 7-5　各部门需水量占总需水量比例

7.2.2　灌溉水资源承载力评价

水资源承载力一般被定义为天然水资源数量的开发利用极限，与可持续利用水量、水资源生态限度、水资源自然系统极限等概念近似。本书研究所重点关注的是农业水资源的承载力，是在一定经济、技术和社会条件下，水资源能供给农业生产和生态环境用水的最大能力。

7.2.2.1　指标选取与分级

参考相关学者对新疆水资源评价时所构建的指标体系，考虑到阿克苏灌区各地区农业用水的实际情况，遵循如下原则构建指标体系及各指标的权重。

(1)本地化原则。即所选取的指标必须适应本地区经济发展的特点及水情。对于阿克苏灌区而言，最大的水情即农业缺水，因此需要选择能够反映农业用水状况的评价因素。

(2)动态与静态相结合原则。所选指标既要能反映系统的状态指标，又能突出系统的发展过程。

(3)定性与定量相结合原则。所选指标尽量为可量化的指标，不能量化的指标采用定性的方法描述。

(4)可比性原则。指标均为有国际化的计量单位、概念以及明确的计算方法，方便比较。

(5)可操作性原则。选取指标时需重点考虑资料获取的现实性，评价指标要简明、方便且具有可操作性。

根据上述原则和阿克苏灌区的实际情况，选取以下指标进行灌区农业水资源承载力的评价。

(1)耕地灌溉率：实际灌溉面积/耕地总面积。

(2)水资源利用率：可供水量/可利用水资源总量。

(3)农业水资源利用率：农业供水量/可利用水资源总量。

(4)地表水资源开发程度：地表水供水量/地表水资源可利用量。

(5)地下水资源开发程度：地下水供水量/地下水资源可开采量。

(6)供水量模数：农业供水量/绿洲面积。

(7)需水量模数：农业需水量/绿洲面积。

(8)灌溉用水指标：单位面积农田(这里指每公顷农田)的平均灌水量。

(9)渠系水利用系数：灌溉渠系的净流量/毛流量。它是反应灌区各级渠道的运行状况和管理水平的综合性指标。

上述各项指标均可通过相关计算以及参考《塔里木河流域阿克苏管理志(2005～2014)》确定各指标值。

依据各指标目前在新疆的平均水平，并以其为临界值上下浮动，将上述各评价因子分为 5 个等级(表 7-6)：L1 表示状况很差，灌溉面积超过承载力，农业用水出现严重短缺；L2 表示状况较差，灌溉面积达到饱和，继续增大灌溉面积将会导致灌溉水量不足的问题；L4 表示该地区的灌溉面积已经达到一定规模，但具有一定的开发潜力；L5 表示在现有的水资源状态下，该地区的灌溉面积存在较大的发展空间。L3 是介于 L2 和 L4 的临界值，高于这个水平则水资源有盈余，低于这个水平则水资源超出其承载力。

表 7-6　综合评价指标分级表

评价因素	L1	L2	L3	L4	L5
耕地灌溉率/%	95	85	70	55	43
水资源利用率/%	81.35	69.73	58.14	46.49	34.88
农业水资源利用率/%	75.13	64.40	53.67	42.93	32.2
地表水资源开发程度/%	95.44	81.81	68.17	54.54	40.9
地下水资源开发程度/%	31.95	27.39	22.83	18.26	13.7
供水量模数/($\times 10^4 m^3/km^2$)	100	85	75	50	45
需水量模数/($\times 10^4 m^3/km^2$)	100	85	75	50	45
灌溉用水指标/(m^3/hm^2)	5291	7388	8885	10582	12582
渠系水利用系数	0.7	0.6	0.5	0.4	0.3
评分值	0.05	0.25	0.50	0.75	0.95

对 L1～L5 这 5 个等级进行 0～1 区间的评分(a_1=0.05，a_1=0.25，a_1=0.50，a_1=0.75，a_1=0.95)，以便能更好反映各等级水资源承载力的情况，数值越高表示水资源开发容量的潜力越大。

7.2.2.2　权重的确定

采用层次分析法(AHP)确定各指标的权重。具体操作方法为：首先将各指标进行两两比较，构造比较判断矩阵，引入 1、3、5、7、9 及其倒数作为标度判断定量化，通过数学运算即可得到各项指标相对于总目标的相对重要性权重值(表 7-7，表 7-8)。

表 7-7　1～9 级判断矩阵标准度

标度	定义与说明
1	两个元素对某个属性具有相同重要性
3	两个元素比较，一元素比另一元素稍微重要
5	两个元素比较，一元素比另一元素明显重要
7	两个元素比较，一元素比另一元素重要得多
9	两个元素比较，一元素比另一元素极端重要
2,4,6,8	表示需要取上述判断中值
$1/b_{ij}$	两个元素的反比较

表 7-8　指标判断矩阵

	X_1	X_2	X_3	X_4	X_5	X_6	X_7	X_8	X_9	W
X_1	1	2	1	2	2	1	1	1/2	1/2	0.11
X_2	1/2	1	1/2	1	1	1/2	1/2	1/3	1/3	0.06
X_3	1	2	1	2	2	1	1	1/2	1/2	0.11
X_4	1/2	1	1/2	1	1	1/2	1/2	1/3	1/3	0.06
X_5	1/2	1	1/2	1	1	1/2	1/2	1/3	1/3	0.06
X_6	1	2	1	2	2	1	1	1/2	1/2	0.11
X_7	1	2	1	2	2	1	1	1/2	1/2	0.11
X_8	2	3	2	3	3	2	2	1	1	0.20
X_9	2	3	2	3	3	2	2	1	1	0.20

判断矩阵满足：

$$\begin{cases} a_{ij} = 1 \\ a_{ji} = \dfrac{1}{a_{ij}} \end{cases} \quad (i, j = 1, 2, \cdots, n) \tag{7-19}$$

参考相关文献，结合阿克苏灌区实际情况，构造判断矩阵，其中 X_1、X_2、X_3、X_4、X_5、X_6、X_7、X_8、X_9 分别代表耕地灌溉率、水资源利用率、农业水资源利用率、地表水资源开发程度、地下水资源开发程度、供水量模数、需水量模数、灌溉用水指标、渠系水利用系数，W 为各指标的权重。进行层次单排序，得到判断矩阵结果。

7.2.2.3　综合评价结果

依据阿克苏灌区的社会、经济、自然状况以及阿克苏灌区遥感影像的解译结果，参考《塔里木河流域阿克苏管理志(2005～2014)》，统计计算阿克苏灌区农业、水利的基本资料，得到阿克苏灌区 2014 年各县水资源承载的指标定量化数据结果，如表 7-9 所示。

表 7-9　阿克苏灌区农业水利综合评价因素指标

评价因素	乌什	阿克苏	温宿	阿瓦提	阿拉尔	沙雅
耕地灌溉率/%	98.67	91.99	96.11	98.33	96.42	99.88
水资源利用率/%	64.99	66.52	65.47	68.89	70.54	67.18
农业水资源利用率/%	59.44	64.08	64.90	60.33	65.50	61.30
地表水资源开发程度/%	60.41	59.82	61.31	62.68	64.14	58.82
地下水资源开发程度/%	72.14	88.55	80.23	81.48	83.34	78.22
供水量模数/($\times 10^4 m^3/km^2$)	63.95	54.79	54.58	45.66	52.11	4.99
需水量模数/($\times 10^4 m^3/km^2$)	62.21	55.81	54.51	48.36	52.17	5.36
灌溉用水指标/(m^3/hm^2)	7231.25	6362.5	6256.25	6600.00	6400.00	5506.25
渠系水利用系数	0.68	0.62	0.64	0.65	0.72	0.60

综合评定时，按上述 a_j 及 $\boldsymbol{B}$ 中各等级隶属度 b_j，按下式计算：

$$a = \sum_{j=1}^{5} b_j^k a_j / \sum_{j=1}^{5} b_j^k \qquad (7\text{-}20)$$

最终评价结果如表 7-10 所示。从综合评定结果来看，灌区各县水资源承载力评分排序为：沙雅>阿瓦提>阿克苏>温宿>乌什>阿拉尔。综合评分的分值越高，说明开发潜力越大。从评价等级来看，阿克苏灌区各县的评分等级均介于 L2～L3，说明灌区内各县的灌溉面积已不能再扩大，灌区的农业用水已出现严重短缺，这与灌溉水资源供需平衡分析的结论相一致。

虽然阿克苏灌区近年来在大力开采地下水以补充地表径流水资源的不足，但由于没有合理控制农业耕种的面积，尤其是以棉花为主的水浇地的面积仍在继续扩张，致使有限的灌溉水量无法承载如此大的农业种植规模增加。若继续扩大农业耕作面积，加大对地下水资源的开采力度，势必会挤占生态用水，威胁地区生态安全，同时还会加剧灌区各县、各部门之间对水资源的争夺，加剧当地社会的内部矛盾。

表 7-10　综合评定结果

评价因素	乌什	阿克苏	温宿	阿瓦提	阿拉尔	沙雅	权重
耕地灌溉率/%	0.02	0.13	0.06	0.02	0.05	0.01	0.11
水资源利用率/%	0.36	0.33	0.35	0.29	0.25	0.32	0.06
农业水资源利用/%	0.38	0.28	0.26	0.36	0.25	0.34	0.11
地表水资源开发程度/%	0.63	0.64	0.61	0.59	0.57	0.66	0.06
地下水资源开发程度/%	0.01	0.01	0.01	0.01	0.01	0.01	0.06
供水量模/($\times 10^4 m^3/km^2$)	0.61	0.75	0.76	0.89	0.79	1.52	0.11
需水量模/($\times 10^4 m^3/km^2$)	0.64	0.74	0.76	0.85	0.79	1.51	0.11
灌溉用水指/(m^3/hm^2)	0.19	0.10	0.09	0.13	0.11	0.02	0.20
渠系水利用系数	0.08	0.21	0.16	0.16	0.04	0.25	0.20
综合评分	0.2950	0.3305	0.3118	0.3436	0.2871	0.4852	—

7.2.3　作物灌溉水量的优化配置

在进行农业灌溉水资源优化配置时应遵循的原则包括有效性、高效性、公平性和可持续性原则。

(1) 有效性原则。有效性原则不只是指经济上的有效性，同时包括社会和生态效益的有效性。在水资源优化配置时要充分考察各目标之间的竞争性与协调状况，达到真正意义上的有效性原则。

(2) 高效性原则。水资源作为稀缺性自然资源，高效性原则是体现这一基本特征的基本要求，高效性原则主要体现在 3 个方面。①增加有效水资源量。通过各种工程和非工程措施达到提高生活、生产、生态用水的有效利用程度，增加灌水、引水的直接利用率，加强水质污染防治，减少在水资源输送转化过程中的无效蒸发，提倡一水多用，提高水资源的综合利用率。②采取分级供水措施。不同水质等级的水资源应按照水质要求分别用于生活、工业、农业及生态用水。③遵循市场规律及经济法则。在选择水资源开发利用模式及节水、治污方法时，要以边际成本最小为原则，最大程度实现开源、节流与保护措施之间的边际成本接近。

(3) 公平性原则。核心是按各地区的缺水量进行水资源分配，按供需间的缺口比率分水，体现公平原则，以满足不同区间、区域、时节以及各作物间对水资源的合理分配利用为目标，在遵循有效、高效的原则下进行水资源的合理分配。

(4) 可持续性原则。不仅要保证当代人有开发利用水资源的权利，还要保证后代人同样受益。该原则要求在时间序列上的近期与远期之间、当代人与后代人之间对水资源的利用要遵循公平性原则和协调发展的原则，而非掠夺式的开采利用。为了实现水资源合理配置的可持续原则，区域的发展要遵循当地水资源数量及质量的客观条件，保障水资源循环过程中的可再生能力。

灌溉引水量不足是制约干旱区和半干旱区农业快速发展的一项重要因素。在水资源总量一定的条件下，在灌溉饱和区间内，单位面积的灌溉引水量越大，单位面积的收益越高；超过此区间后，单位面积的灌溉水量与单位面积的产值呈负相关关系，单位面积灌水量越大，单位面积的收益越小。在有限的供水量条件下，为了协调灌溉面积与灌溉水量之间的这种关系，以经济效益最大为目标，根据作物的需水特点，合理分配水量。

经济目标：区域供水产生的经济效益最大。

$$\max Z = \max[f_1(x_1) + f_2(x_2) + f_3(x_3) + f_4(x_4) + f_5(x_5)] \tag{7-21}$$

约束条件如下。

(1) 可供水量约束：各分区所用水量之和不能超过农业可用总水量 W。

$$x_1 + x_2 + x_3 + x_4 + x_5 \leqslant W \tag{7-22}$$

(2) 需水能力约束：

$$D_{i\min} \leqslant x_i \leqslant D_{i\max} \tag{7-23}$$

(3) 变量非负约束：

$$x_i > 0 \tag{7-24}$$

将上述目标函数和约束条件组合即构成了阿克苏地区水资源优化配置模型。该模型是一个多目标用户的水资源优化配置模型，可分解如下：

$$F(x) = \text{opt}\{f_1(x_1), f_2(x_2), \cdots, f_i(x_i)\} \tag{7-25}$$

式中，$F(x)$ 为水资源配置综合效益；x 为规划决策变量，非负；$f_1(x)$ 为第 1 个分区灌溉用水效益目标，$f_i(x_i)$ 为第 i 分区灌溉用水效益目标。

7.2.3.1　建立作物需水量-产量目标函数

生产函数是在一定时间、一定技术水平条件下，生产过程中所使用的生产要素数量与所能产生的最大生产量之间的依存关系。在用水效益函数中，可将水量作为各用水部门的生产要素，把用水效益作为产量，利用生产函数理论分析用水量与用水函数之间的关系。该理论的核心是在一定范围内，产量会随生产要素的增大而增大，但边际产量会随之减少；当生产要素增大至一定程度时，产量反而减少。

灌水的边际效益是在其他条件不变的情况下，单位水量给生产带来的产值增加量，边际值 M_c 是边际曲线函数的导数。公式表示为

$$M_c = (\Delta Y / \Delta I) \times P_Y = (\mathrm{d}Y / \mathrm{d}I) \times P_Y \tag{7-26}$$

式中，M_c 为边际效益；ΔY 为产量的变化；ΔI 为灌水量的变化；P_Y 为作物产量的单价。

根据我国西北地区作物产量与作物需水的生产效益关系，初步确定阿克苏河灌区主要作物的需水量与产量的关系模型如图 7-6 所示。

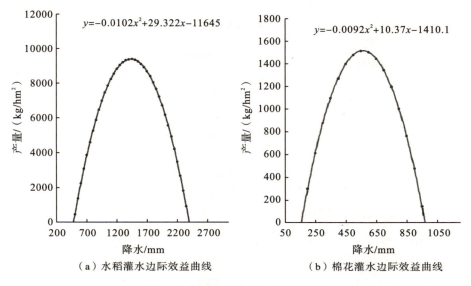

图 7-6　典型作物需水与产量的关系

7.2.3.2　建立作物需水量-灌溉效益模型（表 7-11）

(1) 阶段变量：以每种农作物为一个阶段，则 $k=1,2,3,4,5,6,7,8,9$。

(2) 状态变量：状态变量为每种作物可用与可分配的总水量。

(3) 决策变量：决策变量为实际分配给每种作物的水量。

(4) 目标函数：以各种作物效益之和 G 最大为目标：

$$G = \max\left\{\sum F(Q_{(k)}) \cdot B_{(k)} \cdot R_{(k)}\right\} \tag{7-27}$$

式中，$F(Q_{(k)})$ 为第 k 种作物的相对产量；$B_{(k)}$ 为第 k 种作物种植面积；$R_{(k)}$ 为第 k 种作物单位产量净收益。

(5) 约束条件：

① 供给各种植作物的水量之和不超过灌区可供灌溉的农业总水量 V_{i0}，即

$$0 \leqslant \sum Q_{ik} \leqslant V_{i0} \tag{7-28}$$

式中，V_{i0} 为子灌区可供灌溉的农业总水量。

② 供给第 i 种作物的水量 x_i 不超过该作物达到最大产量时的灌溉水量 q_i，即

$$0 \leqslant x_i \leqslant q_i \tag{7-29}$$

式中，q_i 为第 i 种作物达到最大产量时的灌溉水量。

表 7-11　西北地区作物平均需水量和产量的关系

种类	关系式
水稻	$Y_1 = -0.0102Q_1^2 + 29.332Q_1 - 11645$
棉花	$Y_2 = -0.0092Q_2^2 + 10.37Q_2 - 1410.1$

种类	关系式
土豆	$Y_3 = -0.5592Q_3^2 + 413.05Q_3 - 49319$
小麦	$Y_4 = -0.0878Q_4^2 + 94.588Q_4 - 17124$
玉米	$Y_5 = -0.1091Q_5^2 + 117.86Q_5 - 25898$
核桃	$Y_6 = -0.0523Q_6^2 + 64.985Q_6 - 13660$
苹果	$Y_7 = -0.7597Q_7^2 + 913.83Q_7 - 224930$
葡萄	$Y_8 = -0.0259Q_8^2 + 74.419Q_8 - 27788$
枣	$Y_9 = -0.0131Q_9^2 + 22.13Q_9 - 1635$

7.2.3.3　多目标模型求解

上述模型是一个多目标的约束优化问题。利用 MATLAB 优化工具箱(Optimization Toolbox)中的一系列优化算法函数解决上述问题,包括:专门求解最优问题的函数,如求解线性规划问题的 linprog、求解最大最小化问题的 fminimax、求解有约束非线性函数的 fmincon 及求解多目标达到问题的 fgoalattain 等函数。

多目标最优方法的求解思路基本上均是将多目标问题转化为一个或一系列的单目标问题,然后通过求解一个或一系列单目标问题达到多目标优化问题的求解。采用 MATLAB 工具箱中的多目标达成法 fgoalattain 对模型进行求解,函数的调用形式为

$$[x, \text{fval}] = \text{fgoalattain}(\text{fun}, x_0, \text{goal}, \text{weight}, a, b, \text{Aeq}, \text{beq}, \text{lb}, \text{ub}) \tag{7-30}$$

式中,fun 为目标函数的 M 函数;x_0 为初值;goal 变量为目标函数希望到达的向量值;weight 参数指定目标函数间的权重,用于控制对应目标函数与各用水单位的目标函数值的接近程度;A、b 为不等式的约束系数;Aeq、beq 为等式约束系数;lb、ub 为 x 的上限和下限;fval 为求解的 x 所对应的值。

1. 乌什县作物水量优化配置

乌什县供水限额为 $5.5 \times 10^8 \text{m}^3$,充分灌溉条件下的缺水率为 14.39%,在供水总量和种植结构不变的前提下,为使乌什县灌区的灌溉综合效益达到最高,建立如下的乌什县水资源优化配置模型:

$$\begin{aligned}
\text{Max} f(x_1) = &\ 9983.4Y_1 \times 6 + 5813.2Y_2 \times 12 + 892.8Y_3 \times 4 + 7564.5Y_4 \times 5.8 \\
&+ 4158Y_5 \times 2.4 + 58217.4Y_6 \times 26 + 133.9Y_9 \times 24
\end{aligned} \tag{7-31}$$

goal 取各自达到最大灌溉效益 Y 时灌水量的最大值 Q_{Max}, j、weight 按目标值确定,在遵循水资源优化配置原则的前提下,经 MATLAB 优化工具箱中 fgoalattain 函数的调试、运行,得出乌什县灌区的优化配置方案(表 7-12)。

表 7-12　乌什灌区水资源优化配置方案

种类	面积/hm²	优化前需水/(×10⁴m³)	模型分配/(×10⁴m³)	前后差额/(×10⁴m³)
水稻	9983.40	14975.10	11354.56	3620.54
棉花	5813.20	3705.92	3206.24	499.68
土豆	892.80	475.42	329.73	145.69
小麦	7564.50	3489.13	3039.13	450.00
玉米	4158.00	2214.14	1745.93	468.21
核桃	58217.40	39296.75	35268.72	4028.03
枣	133.90	71.30	70.17	1.13

2. 温宿县作物水量优化配置

温宿供水限额为 $10.8 \times 10^8 \text{m}^3$，充分灌溉条件下的缺水率为 14.39%，在供水总量和种植结构不变的前提下，为使乌什县灌区的灌溉综合效益达到最高，建立如下的温宿县水资源优化配置模型：

$$\text{Max} f(x_2) = 11764.1 Y_1 \times 6 + 79143.5 Y_2 \times 12 + 10157.9 Y_4 \times 5.8 + 120.9 Y_5 \times 2.4 \\ + 83077 Y_6 \times 26 + 15666.3 Y_7 \times 6 + 338.6 Y_9 \times 24 \tag{7-32}$$

经 MATLAB 优化工具箱中 fgoalattain 函数的调试、运行，得出温宿县灌区的优化配置方案（表 7-13）。

表 7-13　温宿灌区水资源优化配置方案

种类	面积/hm²	优化前需水/(×10⁴m³)	模型分配/(×10⁴m³)	前后差额/(×10⁴m³)
水稻	17764.10	26646.15	21541.99	5104.16
棉花	79143.50	50453.98	41604.24	8849.74
小麦	10157.90	4685.33	3371.61	1313.72
玉米	120.90	64.38	40.30	24.08
核桃	83077.00	56076.98	41613.25	14463.73
苹果	15666.30	10574.75	8921.71	1653.04
枣	338.60	228.56	210.00	18.56

3. 阿克苏市作物水量优化配置

阿克苏市灌区供水限额为 $9.8 \times 10^8 \text{m}^3$，充分灌溉条件下的缺水率为 25%，在供水总量和种植结构不变的前提下，为使阿克苏市灌区的灌溉综合效益达到最高，建立如下阿克苏市灌区水资源优化配置模型：

$$\text{Max} f(x_3) = 9040 Y_1 \times 6 + 124256.7 Y_2 \times 12 + 6105.7 Y_4 \times 5.8 + 220.3 Y_5 \times 2.4 \\ + 19858.7 Y_6 \times 26 + 111832.8 Y_7 \times 6 + 18980.3 Y_9 \times 24 \tag{7-33}$$

经 MATLAB 箱中 fgoalattain 函数的调试、运行，得出阿克苏市灌区的优化配置方案(表 7-14)。

表 7-14　阿克苏市灌区水资源优化配置方案

种类	面积/hm^2	优化前需水/($\times 10^4$m^3)	模型分配/($\times 10^4$m^3)	前后差额/($\times 10^4$m^3)
水稻	9040.00	13560.00	10668.10	2891.90
棉花	124256.70	79213.65	68029.46	11184.19
小麦	6105.70	2816.25	2188.87	627.38
玉米	220.30	117.31	108.99	83.15
核桃	19858.70	13404.62	10337.61	3067.01
苹果	11832.80	7987.14	7016.25	970.89
枣	18980.30	12811.70	10031.83	2779.87

4. 阿瓦提县作物水量优化配置

阿瓦提灌区供水限额为 10.2×10^8m^3，充分灌溉条件下的缺水率为 15%，在供水总量和种植结构不变的前提下，为使阿瓦提灌区的灌溉综合效益达到最高，建立如下的阿瓦提灌区水资源优化配置模型：

$$\text{Max} f(x_4) = 184.5Y_1 \times 6 + 152816.3Y_2 \times 12 + 2207.1Y_4 \times 5.8 + 56.3Y_5 \times 2.4 \quad (7\text{-}34)$$
$$+ 14173.4Y_6 \times 26 + 546.4Y_8 \times 6 + 5490.1Y_9 \times 24$$

经 MATLAB 优化工具箱中 fgoalattain 函数的调试、运行，得出阿克苏市灌区的优化配置方案(表 7-15)。

表 7-15　阿瓦提灌区水资源优化配置方案

种类	面积/hm^2	优化前需水/($\times 10^4$m^3)	模型分配/($\times 10^4$m^3)	前后差额/($\times 10^4$m^3)
水稻	184.50	276.75	265.28	11.47
棉花	152816.30	97420.39	88125.27	9295.12
小麦	2207.10	1018.02	1000.87	17.15
玉米	56.30	29.98	29.41	0.57
核桃	14173.40	9567.05	8805.51	761.54
葡萄	546.40	368.82	324.99	43.83
枣	5490.10	3705.82	3637.25	68.57

5. 农一师作物水量优化配置

研究区包含了整个阿拉尔市及阿瓦提县的一小部分，在当地的灌区区划中，将阿拉尔及阿瓦提的这部分地区统称为农一师灌区，由兵团管理，在水资源优化调配中以农一师为单位进行优化。农一师的供水限额为 11.6×10^8m^3，缺水率达

26%，在供水总量和种植结构不变的前提下，为使农一师灌区的灌溉综合效益达到最高，建立如下的农一师灌区水资源优化配置模型：

$$\text{Max} f(x_5) = 4602.5Y_1 \times 6 + 172499.1Y_2 \times 12 + 4650Y_4 \times 5.8 + 249.3Y_5 \times 2.4 \\ + 85.6Y_6 \times 26 + 59Y_8 \times 6 + 49427.3Y_9 \times 24 \tag{7-35}$$

经 MATLAB 优化工具箱中 fgoalattain 函数的调试、运行，得出阿克苏市灌区的优化配置方案(表 7-16)。

表 7-16　农一师灌区水资源优化配置方案

种类	面积/hm²	优化前需水/(×10⁴m³)	模型分配/(×10⁴m³)	前后差额/(×10⁴m³)
水稻	4602.50	6903.75	4817.67	2086.08
棉花	172499.10	109968.18	81218.24	28749.94
小麦	4650.00	2144.81	1504.75	640.06
玉米	249.30	132.75	77.66	55.09
核桃	85.60	57.78	47.18	10.60
葡萄	59.00	39.83	22.76	17.07
枣	49427.30	33363.43	28749.09	4614.34

6. 阿克苏灌区作物水量优化配置结论

表 7-17　基于灌溉效益模型的农业水资源分配成果

种类	面积/hm²	模型配水/(×10⁸m³)	单产/(kg/hm²)	总产量/(×10⁸kg)	总效益/(×10⁸元)
水稻	41574.50	4.86	8711.38	3.62	0.99
棉花	534528.80	28.22	1500.39	8.02	47.74
小麦	30685.20	0.84	2183.39	0.67	0.07
玉米	4804.80	0.33	3615.91	0.17	0.06
核桃	175412.10	9.61	47683.03	83.64	103.05
苹果	27499.10	1.59	49514.54	13.62	11.69
枣	74370.20	4.27	49311.01	36.67	82.66
葡萄	605.4	0.04	9511.63	0.06	0.13
土豆	892.8	0.03	26955.28	0.24	0.19

通过对作物灌溉水量的调整，使灌区内每种作物都能得到一定水量的灌溉、较高的产量以及较理想的经济收益。根据模型优化的结果，套用每种作物产量-需水量模型计算可以得出：水稻单产可达到 8711.38kg/hm²，较模型的最大值每公顷少产出 731kg；棉花单产可达到 1500.39kg/hm²，较模型的最大值每公顷少产出

117.1kg；小麦单产为 2183.39kg/hm²，较模型的最大值每公顷少产出 6168kg；玉米单产为 3615.91kg/hm²，较模型的最大值每公顷少产出 2316.9kg；核桃单产可达到 47683.03kg/hm²，较模型的最大值每公顷少产出 1842.91kg；苹果单产可达到 49514.54kg/hm²，较模型的最大值每公顷少产出 724.71kg；枣单产可达到 49311.01kg/hm²，较模型的最大值每公顷少产出 2399kg；葡萄单产可达到 9511.63kg/hm²，较模型的最大值每公顷少产出 16157kg；土豆产量可达到 26955.28kg/hm²，与模型的最大产量持平。按模型的优化方案进行配水，预计整个灌区农作物的总产量将达到 146.7×10^8kg，农业经济总效益预计达 246.58×10^8 元。

7.2.4   作物种植面积的优化配置

上述探讨是在当前种植结构不变，但供水量不足的情况下为使灌区的综合效益达到最高而做出的权宜。但从灌溉水资源的承载力分析中可知，灌区灌溉水量不足的根本原因在于灌区种植结构的不合理，为使灌区得到可持续发展，需要对当前种植结构做出合理调整，才能从根本上解决灌区水资源短缺问题。

7.2.4.1   模型构建

阿克苏灌区的主要种植作物有水稻、棉花、小麦、玉米、核桃、苹果和枣等。这些作物的耗水量占整个灌区作物耗水总量的 95% 以上，对灌区种植结构的优化即以上述主要作物为主。

1. 目标函数

以整个灌区作物综合产量最高和经济效益最大为目标，建立阿克苏灌区 2020 年种植结构优化配置模型。

（1）总净产值最大：

$$\text{Max}(F_1) = 2588a_1 + 9000a_2 + 821a_3 + 1950a_4 + 45000a_5 + 60000a_6 + 85000a_7$$

（2）作物总产量最大：

$$\text{Max}(F_2) = 9442a_1 + 1512a_2 + 8351a_3 + 5933a_4 + 36526a_5 + 49868a_6 + 37711a_7$$

式中，a_1、a_2、a_3、a_4、a_5、a_6、a_7 分别为水稻、棉花、小麦、玉米、核桃、苹果和枣的种植面积；目标函数 F_1 各项系数为集约化种植栽培下的产值（元/hm²）；目标函数 F_2 各项系数为充分灌溉、管理条件下的作物产量（kg/hm²）。

2. 约束条件

（1）水量约束。灌溉水量不能超出可供水量（灌溉定额为优化后的定额，随着地下水开采的力度加大，可供水量适宜增加）：

$$11500a_1 + 5500a_2 + 4100a_3 + 5000a_4 + 5800a_5 + 5725a_6 + 5825a_7 \leqslant 50 \times 10^8$$

(2)面积约束。种植面积不能超出规划面积:

$$a_1 + a_2 + a_3 + a_4 + a_5 + a_6 + a_7 \leqslant 880000$$

2020 年预测阿克苏地区人口数为 260.43×10^4 人,粮食作物要确保满足自给自足的最小种植面积,棉花要保证对社会的一定供求量,特色林果具有经济效益好、水分依赖相对较低的属性,可适当扩大其种植面积,即满足:

$$10000 \leqslant a_1 \leqslant 41574.5$$
$$300000 \leqslant a_2 \leqslant 600000$$
$$10000 \leqslant a_3 \leqslant 100000$$
$$2000 \leqslant a_4 \leqslant 8000$$
$$150000 \leqslant a_5 \leqslant 250000$$
$$27000 \leqslant a_6 \leqslant 100000$$
$$70000 \leqslant a_7 \leqslant 150000$$

3. 非负约束

非负约束为: $a_1 \geqslant 0$, $a_2 \geqslant 0$, $a_3 \geqslant 0$, $a_4 \geqslant 0$, $a_5 \geqslant 0$, $a_6 \geqslant 0$, $a_7 \geqslant 0$。

7.2.4.2　模型求解

采用 MATLAB 的线性规划求解上述模型,经过反复调试得到如下优化结果,如表 7-18 所示。结果表明:通过农作物种植结构的调整,2 个目标函数均得到了一定程度的提高。优化后灌区主要作物的需水量为 $50.00 \times 10^8 \text{m}^3$,较优化前减少 $10.00 \times 10^8 \text{m}^3$,较优化前需水少 16.67%;作物总净产值由优化前的 208.18×10^8 元增加至优化后的 278.34×10^8 元,增长了 33.7%;农作物总产量由优化前的约 1206.86×10^4 提高到了优化后的 1689.66×10^4t,增长了 40.00%(图 7-7)。

表 7-18　种植结构优化结果

项　目	优化前	优化后	变化率/%
水稻/hm²	41574.5	13279.0	-68.06
棉花/hm²	534528.8	429550.0	-19.64
小麦/hm²	30685.2	17685.0	-42.37
玉米/hm²	4804.8	14804.0	208.11
核桃/hm²	175412.1	217312.0	23.89
苹果/hm²	27499.1	72614.0	164.06
枣/hm²	74370.2	114756.0	54.30
总需水量/×10⁸ m³	60.00	50.00	-16.67
总净产值/×10⁸ 元	208.18	278.34	33.70
总产量/×10⁴t	1206.86	1689.66	40.00

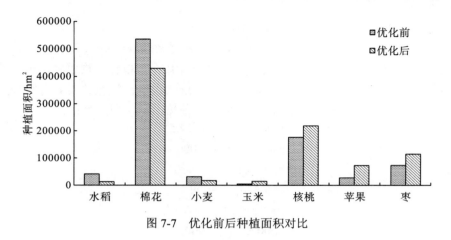

图 7-7　优化前后种植面积对比

　　需要说明的是，在水资源承载分析中得出整个灌区的灌溉面积已超出其水资源承载力的结论，故灌溉面积维持原来的面积不变，同时在计算优化后的灌溉需水量时，以 2020 年作为优化目标年份。考虑到节水灌溉技术提高及渠系水利用系数提高，这里使用的灌溉定额为经过一定程度优化的灌溉定额。

7.3　小　　结

　　本章在 1998 年、2002 年、2004 年、2006 年、2010 年、2014 年六期遥感影像解译数据的基础上，采用不同分区、不同作物类型的灌溉定额指标，套用微灌方式（水稻除外，采用膜上灌溉方式），测算了 1998 年、2002 年、2004 年、2006 年、2010 年和 2014 年各主要类型作物斑块的灌溉水需求量，并基于阿克苏灌区水文站点的径流量实测数据和《塔里木河流域阿克苏管理志（2005～2014）》的历史资料数据估算了正常年份阿克苏灌区的农业可供水量，采用灰色预测 GM(1,1)模型，对阿克苏灌区短期内（2017 年、2020 年）的需水情况做了预测。为了实现灌区农业水资源和作物种植结构的优化调整，基于模糊综合评判法对阿克苏灌区的农业水资源承载力做了评估，并在遵循水资源优化配置原则的前提下，采用线性规划模型提出了阿克苏灌区作物灌溉水量和作物种植结构的优化方案。

　　（1）水资源需求预测。根据阿克苏地区多年社会经济统计数据，预测 2017 年生活需水量为 $0.4\times10^8 m^3$，2020 年生活需水量为 $0.44\times10^8 m^3$；预测 2017 年工业需水量为 $1.82\times10^8 m^3$，2020 年工业需水量为 $2.01\times10^8 m^3$；预测 2017 年第三产业需水量为 $0.42\times10^8 m^3$，2020 年第三产业需水量为 $0.46\times10^8 m^3$；预测 2017 年生态需水量为 $17.42\times10^8 m^3$，2020 年生态需水量为 18.22。预计全灌区 2017 年各部门总需水量为 $73.09\times10^8 m^3$，2020 年全灌区各部门总需水量为 $76.08\times10^8 m^3$。生活、工业、第三产业需水量占比将持续增高，农业需水量占比略有下降。

　　(2)水资源承载力分析方面。2014 年,阿克苏灌区水资源承载力排序:沙雅>阿瓦提>阿克苏>温宿>乌什>阿拉尔,介于饱和与过饱和之间。上述分析结果说明阿克苏灌区的种植面积已达到一定规模,不宜再继续扩大种植面积和再增大对地下水的开采利用。

　　(3)优化配置规划方面。在供水限额的限制条件下,通过建立不同作物需水量产量目标函数及作物需水量-灌溉效益模型的多目标规划模型,基于作物产量最大和经济效益最大的目标,得到阿克苏灌区各分区作物的定量水量优化配置方案。为了从根本上解决灌区水资源供需矛盾的问题,本章还提出了 2020 年的作物种植结构优化方案。

参 考 文 献

白淑英, 王莉, 史建桥, 等, 2013. 基于 SWAT 模型的开都河流域径流模拟[J]. 干旱区资源与环境, 27(9): 79-84.

陈家琦, 王浩, 1996. 水资源学概论[M]. 北京: 中国水利水电出版社.

陈来卿, 2002. 土地利用优化配置研究——以珠海市为例[D]. 广州: 华南师范大学.

陈曦, 2008. 中国干旱区土地利用与土地覆被变化[M]. 北京: 科学出版社.

陈小强, 2010. 神经网络方法在灌区需水量预测中的应用研究[D]. 乌鲁木齐: 新疆农业大学.

党素珍, 刘昌明, 王中根, 等, 2012. 黑河流域上游融雪径流时间变化特征及成因分析[J]. 冰川冻土, 4(3): 920-926.

段建军, 曹晓丽, 沈永平, 等, 2011. 天山南坡渭干河流域地表水资源量及其变化趋势[J]. 冰川冻土, 32(6): 1211-1219.

段建军, 王彦国, 王晓风, 等, 2009. 1957~2006 年塔里木河流域气候变化和人类活动对水资源和生态环境的影响[J]. 冰川冻土, 31(5): 781-791.

冯宝平, 赵丽, 宋茂斌, 2012. 灌区水资源供需系统干旱风险机制分析[J]. 人民黄河, 34(5): 89-91.

傅强, 毛锋, 王天青, 等, 2012. 基于智能体模型的青岛市林地生态格局评价与优化[J]. 生态学报, 32(24): 7676-7687.

郭斌, 张莉, 文雯, 等, 2014. 基于 CA-Markov 模型的黄土高原南部地区土地利用动态模拟[J]. 干旱区资源与环境, 28(12): 14-18.

郭欢欢, 李波, 侯鹰, 等, 2011. 元胞自动机和多主体模型在土地利用变化模拟中的应用[J]. 地理科学进展, 30(11): 1336-1344.

郭军庭, 张志强, 王盛萍, 等, 2014. 应用 SWAT 模型研究潮河流域土地利用和气候变化对径流的影响[J]. 生态学报, 34(6): 1559-1567.

郭小燕, 刘学录, 王联国, 2015. 基于混合蛙跳算法的土地利用格局优化[J]. 农业工程学报, 31(24): 281-288.

郭小燕, 刘学录, 王联国, 2016. 以提高生态系统服务为导向的土地利用优化研究——以兰州市为例[J]. 生态学报, 36(24): 7992-8001.

郭延凤, 于秀波, 姜鲁光, 等, 2012. 基于 CLUE 模型的 2030 年江西省土地利用变化情景分析[J]. 地理研究, 2012, 31(6): 1016-1028.

韩群柱, 冯起, 陈桂萍, 2016. 渭河流域基于水利供水网络结构的水资源配置模式研究[J]. 干旱区地理, 39(4): 747-753.

郝芳华, 张雪松, 程红光, 等, 2003. 分布式水文模型亚流域合理划分水平刍议[J]. 水土保持学报, 17(4): 75-78.

郝芳华, 程红光, 杨胜天, 2006. 非点源污染模型: 理论方法与应用[M]. 北京: 中国环境科学出版社.

郝振纯, 张越关, 杨传国, 等, 2013. 黄河源区水文模拟中地形和融雪影响[J]. 水科学进展, 24(3): 311-318.

何书金, 李秀彬, 朱会义, 等, 2002. 环渤海地区耕地利用态势及保护开发途径[J]. 地理研究, 21(3): 331-338.

何英彬, 姚艳敏, 唐华俊, 等, 2013. 土地利用/覆盖变化驱动力机制研究新进展[J]. 中国农学通报, 29(2): 190-195.

贺兴宏, 管瑶, 2011. 塔里木河干流河道演变对两岸生态环境的影响研究[J]. 干旱区资源与环境, 25(1): 59-62.

侯景伟, 吴建军, 2015. 水资源空间优化配置的群智能算法改进与仿真[J]. 地球信息科学学报, 17(4): 431-437.

胡和兵, 刘红玉, 郝敬锋, 等, 2013. 城市化流域生态系统服务价值时空分异特征及其对土地利用程度的响应[J]. 生态学报, 33(8): 2565-2576.

黄清华, 张万昌, 2004. SWAT 分布式水文模型在黑河干流山区流域的改进及应用[J]. 南京林业大学学报, 28(2): 22-25.

姜琼, 2006. 基于可持续利用水量的需水预测方法研究[D]. 南京: 河海大学.

井云清, 张飞, 张月, 2016. 基于 CA-Markov 模型的艾比湖湿地自然保护区土地利用/覆被变化及预测[J]. 应用生态学报, 27(11): 3649-3658.

赖明华, 2004. 灌区生态需水及水资源优化配置模型研究[D]. 南京: 河海大学硕士论文.

赖正清, 李硕, 李呈罡, 等, 2013. SWAT 模型在黑河中上游的改进与应用[J]. 自然资源学报, 28(8): 1404-1413.

雷师, 全斌, 欧阳鸿, 等, 2013. 基于 Markov 模型的长沙市和泉州市土地利用变化预测及对比研究[J]. 水土保持研究, 20(6): 224-229.

黎夏, 叶嘉安, 2005. 基于神经网络的元胞自动机及模拟复杂土地利用系统[J]. 地理研究, 24(1): 19-27.

李慧, 2010. SWAT 模型在新疆内陆河流域水资源模拟中的应用研究[D]. 乌鲁木齐: 新疆农业大学.

李晶, 刘时银, 韩海东, 等, 2012. 天山托木尔峰南坡科其喀尔冰川流域径流模拟[J]. 气候变化研究进展, 8(5): 41-47.

李晶, 刘时银, 魏俊锋, 等, 2014. 塔里木河源区托什干河流域积雪动态及融雪径流模拟与预估[J]. 冰川冻土, 36(6): 1508-1516.

李帅, 魏虹, 刘媛, 等, 2017. 气候与土地利用变化下宁夏清水河流域径流模拟[J]. 生态学报, 37(4): 1252-1260.

李小龙, 高敏华, 包茹, 2014. 基于 CA-MARKOV 模型的土地利用变化预测研究——以新疆昌吉市为例[J]. 中国农学通报, 30(14): 315-320.

李小琴, 2005. 黑河流域水资源优化配置研究[D]. 西安: 西安理工大学.

李秀彬, 1996. 全球环境变化研究的核心领域——土地利用/土地覆被变化的国际研究动向[J]. 地理学报,(6): 553-558.

李亚凯, 闫娜, 张潇蕊, 等, 2016. 缺水型地区水资源供需风险评估研究[J]. 首都师范大学学报(自然科学版), 37(5): 76-81.

李耀军, 魏霞, 李勋贵, 等, 2016. 淤地坝坝控流域土地利用类型空间优化配置研究[J]. 兰州大学学报(自然科学版), 52(3): 307-312.

刘昌明, 周长青, 张士锋, 等, 2005. 小麦水分生产函数及其效益的研究[J]. 地理研究, 24(1)1-10.

刘殿锋, 刘耀林, 刘艳芳, 等, 2013. 多目标微粒群算法用于土地利用空间优化配置[J]. 武汉大学学报(信息科学版), 38(6): 751-755.

刘卉芳, 曹文洪, 张晓明, 等, 2010. 黄土区小流域水沙对降雨及土地利用变化响应研究[J]. 干旱地区农业研究, 28(2): 237-242.

刘纪远, 匡文慧, 张增祥, 等, 2014. 20 世纪 80 年代末以来中国土地利用变化的基本特征与空间格局[J]. 地理学报, 69(1): 3-14.

刘盛和, 何书金, 2002. 土地利用动态变化的空间分析测算模型[J]. 自然资源学报, 17(5): 533-540.

刘伟, 安伟, 马金锋, 2016. SWAT 模型径流模拟的校正与不确定性分析[J]. 人民长江, 47(15): 30-35, 62.

刘晓, 陈隽, 范琳琳, 等, 2014. 水资源承载力研究进展与新方法[J]. 北京师范大学学报(自然科学版), (3): 312-318.

刘孝国, 郐瑞卿, 董军, 2012. 基于马尔可夫模型的吉林市土地利用变化预测[J]. 中国农学通报, 28(29): 226-229.

刘新华, 徐海量, 张青青, 等, 2012. 气候变化对阿克苏河流域径流过程的影响[J]. 自然资源学报, 27(11): 1931-1939.

刘鑫, 王素芬, 康健, 等, 2014. 区域农业水资源供需平衡分析[J]. 灌溉排水学报, 33(Z1): 320-324.

刘彦随, 1999. 区域土地利用系统优化调控的机理与模式[J]. 资源科学, 21(4): 60-65.

刘燕, 胡安焱, 2008. 渭河流域水资源供需平衡空间分异特征研究[J]. 干旱区资源与环境, 22(3): 81-85.

卢震林, 2008. 典型干旱区水资源优化配置研究[D]. 乌鲁木齐: 新疆大学硕士论文.

罗鼎, 许月卿, 邵晓梅, 等, 2009. 土地利用空间优化配置研究进展与展望[J]. 地理科学进展, 28(5): 791-797.

罗娅, 杨胜天, 刘晓燕, 等, 2014. 黄河河口镇一潼关区间 1998~2010 年土地利用变化特征[J]. 地理学报, 69(1): 42-53.

麻德明, 石洪华, 丰爱平, 2014. 基于流域单元的海湾农业非点源污染负荷估算——以莱州湾为例[J]. 生态学报, 34(1): 173-181.

马莉, 2011. 疏勒河流域水资源优化配置研究[D]. 兰州: 兰州大学.

马士彬, 张勇荣, 安裕伦, 2015. 基于 Logistic-CA-Markov 模型的石漠化空间变化规律研究[J]. 中国岩溶, 34(6): 591-598.

蒙吉军, 汪疆玮, 尤南山, 等, 2017. 基于 DEA 的黑河中游灌区水资源配置效率时空分异[J]. 水土保持研究, 24(1): 173-180.

孟现勇, 吉晓楠, 刘志辉, 等, 2014a. SWAT 模型融雪模块的改进与应用研究[J]. 自然资源学报, 29(3): 528-539.

孟现勇, 吉晓楠, 孙志裙, 等, 2014b. 天山北坡中段融雪径流敏感性分析——以军塘湖流域为例[J]. 水土保持通报, 34(3): 277-282.

穆艾塔尔·赛地, 丁建丽, 阿不都·沙拉木, 等, 2016. 天山北坡山区流域融雪径流模拟研究[J]. 干旱区研究, 33(3): 636-642.

穆振侠, 姜卉芳, 刘丰, 2010. 2001~2008 年天山西部山区积雪覆盖及 NDVI 的时空变化特性[J]. 冰川冻土, 32(5): 875-882.

宁吉才, 刘高焕, 刘庆生, 等, 2012. 水文响应单元空间离散化及 SWAT 模型改进[J]. 水科学进展, 23(1): 14-20.

欧阳志云, 张路, 吴炳方, 等, 2015. 基于遥感技术的全国生态系统分类体系[J]. 生态学报, 35(2): 219-226.

庞靖鹏, 刘昌明, 徐宗学, 2010. 密云水库流域土地利用变化对产流和产沙的影响[J]. 北京师范大学学报(自然科学版), 46(3): 290-299.

彭晶, 2013. 基于 GIS 的多目标动态水资源优化配置研究[D]. 天津: 天津大学.

齐学斌, 黄仲冬, 乔冬梅, 等, 2015. 灌区水资源合理配置研究进展[J]. 水科学进展, 26(2): 287-295.

祁敏, 张超, 2017. 基于 SWAT 模型的阿克苏河流域径流模拟[J]. 水土保持研究, 24(3): 283-287.

钱龙霞, 张韧, 王红瑞, 等, 2016. 基于 Copula 函数的水资源供需风险损失模型及其应用[J]. 系统工程理论与实践,

36(2): 517-527.

钱敏, 濮励杰, 朱明, 等, 2010. 土地利用结构优化研究综述[J]. 长江流域资源与环境, 19(12): 1410-1415.

秦钟, 章家恩, 骆世明, 等, 2009. 基于系统动力学的土地利用变化研究[J]. 华南农业大学学报, 30(1): 89-93.

史利江, 王圣云, 姚晓军, 等, 2012. 1994-2006年上海市土地利用时空变化特征及驱动力分析[J]. 长江流域资源与环境, 21(12): 1468-1479.

粟晓玲, 宋悦, 刘俊民, 等, 2016. 耦合地下水模拟的渠井灌区水资源时空优化配置[J]. 农业工程学报, 32(13): 43-51.

孙栋元, 李元红, 胡想全, 等, 2014. 黑河流域水资源供需平衡与配置研究[J]. 水土保持研究, 21(3): 217-221.

孙丽娜, 卢文喜, 杨青春, 等, 2013. 东辽河流域土地利用变化对非点源污染的影响研究[J]. 中国环境科学, 33(8): 1459-1467.

孙瑞, 张雪芹, 2010. 基于SWAT模型的流域径流模拟研究进展[J]. 水文, 30(3): 28-32.

孙晓娟, 2010. 气候变化对阿克苏河流域径流量及平原水库的影响研究[D]. 阿拉尔: 塔里木大学.

孙晓娟, 赵成义, 郑金丰, 2011. 阿克苏河流域近46年气候变化研究[J]. 干旱区资源与环境, 25(3): 78-83.

谭少华, 倪绍祥, 2005. 区域土地利用变化驱动力的成因分析[J]. 地理与地理信息科学, 21(3): 47-50.

汤发树, 陈曦, 罗格平, 等, 2007. 新疆三工河绿洲土地利用变化系统动力学仿真[J]. 中国沙漠, 27(4): 593-599.

王国亚, 沈永平, 苏宏超, 等, 2008. 1956~2006年阿克苏河径流变化及其对区域水资源安全的可能影响[J]. 冰川冻土, 30(4): 562-568.

王瑾杰, 丁建丽, 张喆, 等, 2016. 干旱区降雨、融雪混合补给下的径流模拟研究——以博尔塔拉河上游流域为例[J]. 干旱区地理, 39(6): 1238-1246.

王生霞, 叶柏生, 丁永建, 等, 2013. 绿洲耗水对阿克苏河流域地表径流的影响[J]. 干旱区研究, 30(2): 203-210.

王顺久, 侯玉, 张欣莉, 等, 2002. 水资源优化配置理论发展研究[J]. 中国人口资源与环境, 12(5): 79-83.

王涛, 张超, 2017. 1998~2014年阿克苏河流域耕地景观时空变化研究[J]. 西南林业大学学报(自然科学版), 37(2): 171-178.

王秀兰, 包玉海, 1999. 土地利用动态变化研究方法探讨[J]. 地理科学进展, 18(1): 81-87.

王志成, 张超, 2017a. 新疆阿克苏河流域土地利用与灌溉水资源时空变化研究[M]. 北京: 中国林业出版社.

王志成, 张超, 刘江华, 2017b. 阿克苏灌区种植结构动态变化与驱动力分析[J]. 干旱地区农业研究, 35(3): 278-284.

王志成, 张辉, 贾付生, 等, 2017c. 近10a阿克苏流域植被覆盖时空演变特征及影响因素[J]. 长江科学院院报, 34: 1-6.

王志成, 张辉, 张超, 等, 2017d. 新疆阿克苏灌区土地资源合理利用及变化分析[J]. 资源节约与环保, (8): 125-126.

王志成, 张辉, 聂艳, 等, 2017e. 阿克苏河流域水资源红线研究思路及对策措施[J]. 资源节约与环保, (2): 101-103, 106.

王中根, 刘昌明, 黄友波, 2003. SWAT模型的原理结构及应用[J]. 地球科学进展, 22(1): 79-86.

王忠良, 2015. 基于SWAT模型的哈尔滨磨盘山水库流域非点源污染模拟研究[D]. 哈尔滨: 东北林业大学.

王宗明, 张柏, 张树清, 2004. 吉林省近20年土地利用变化及驱动力分析[J]. 干旱区资源与环境, 18(6): 61-65.

魏宇航, 唐德善, 2016. 农业水足迹与水资源配置模型[J]. 江苏农业科学, 44(2): 375-377.

谢高地, 鲁春霞, 冷允法, 等, 2003. 青藏高原生态资产的价值评估[J]. 自然资源学报, 18(2): 189-196.

谢花林, 李波, 2008. 基于 logistic 回归模型的农牧交错区土地利用变化驱动力分析——以内蒙古翁牛特旗为例[J].
地理研究, 27(2): 294-304.

谢鹏飞, 赵筱青, 张龙飞, 2015. 土地利用空间优化配置研究进展[J]. 山东农业科学, (3): 138-143.

徐静, 华健, 闫中月, 2016. 土地覆被变化对河源区小流域径流模拟影响分析研究[J]. 南京大学学报(自然科学),
52(1): 142-148.

薛联青, 杨明智, 汤骅, 等, 2015. 基于干旱等级划分的叶尔羌河流域水资源配置评价研究[J]. 干旱区资源与环境,
29(4): 91-96.

颜乐, 夏自强, 丁琳, 等, 2014. 新疆阿克苏河流域的干湿特征分析[J]. 水资源与水工程学报, 25(1): 42-47.

杨梅, 张广录, 侯永平, 2011. 区域土地利用变化驱动力研究进展与展望[J]. 地理与地理信息科学, 27(1): 95-100.

杨淼, 叶柏生, 彭培好, 等, 2012. 天山乌鲁木齐河源区 1 号冰川径流模拟研究[J]. 冰川冻土, 34(1): 130-138.

杨依天, 郑度, 张雪芹, 等, 2013. 1980~2010 年和田绿洲土地利用变化空间耦合及其环境效应[J]. 地理学报,
68(6): 813-824.

雍会, 2011. 农业开发对塔里木河流域水资源利用影响及对策研究[D]. 石河子: 石河子大学.

余卫东, 闵庆文, 李湘阁, 2003. 水资源承载力研究的进展与展望[J]. 干旱区研究, 20(1): 60-66.

余文君, 南卓铜, 赵彦博, 等, 2013. SWAT 模型融雪模块的改进[J]. 生态学报, 21(6): 6992-7001.

曾发琛, 2008. 西安市水资源供需平衡分析及优化配置研究[D]. 西安: 长安大学.

曾赟, 魏琳, 2013. 川中紫色丘陵区径流泥沙 SWAT 模型的模拟应用分析[J]. 地球信息科学学报, 15(3): 401-407.

张超, 黄清麟, 朱雪林, 等, 2010. 西藏灌木林遥感分类方法对比研究[J]. 山地学报, 28(5): 572-578.

张超, 黄清麟, 朱雪林, 等, 2011. 基于 ETM+和 DEM 的西藏灌木林遥感分类技术[J]. 林业科学, 47(1): 15-21.

张鸿辉, 曾永年, 刘慧敏, 2011. 多目标土地利用空间优化配置模型及其应用[J]. 中南大学学报(自然科学版),
42(4): 1056-1065.

张辉, 2007. 阿克苏河流域灌区水管体制改革的探讨[J]. 灌溉排水学报, (S1): 200-201.

张辉, 2008. 浅议阿克苏河流域水资源管理[J]. 河南水利与南水北调, (7): 26, 46.

张辉, 徐永军, 张超, 等, 2016. 阿克苏河灌区作物理论需水时空分布特征研究[J]. 水土保持通报, 36(6): 180-183.

张俊平, 李净, 2017. 基于 CA-Markov 模型的甘州区土地利用变化预测分析[J]. 中国农学通报, 33(4): 105-110.

张兰影, 庞博, 徐宗学, 等, 2013. 基于支持向量机的石羊河流域径流模拟适用性评价[J]. 干旱区资源与环境,
27(7): 113-118.

张丽娟, 李文亮, 刘栋, 等, 2011. 哈大齐工业走廊土地利用空间变化动态模拟[J]. 地理科学进展, 30(9):
1180-1186.

张伟东, 2004. 面向可持续发展的区域水资源优化配置理论及应用研究[D]. 武汉: 武汉大学.

张文剑, 2014. 阿克苏河流域水资源管理"三条红线"控制措施[J]. 人民黄河, 36(12): 62-64.

张文娜, 2014. 基于多目标规划的呼图壁河流域水资源优化配置[D]. 乌鲁木齐: 新疆大学.

张霞, 2010. 阿克苏河流域径流变化及其对气候变化的响应研究[D]. 乌鲁木齐: 新疆农业大学.

张玉虎, 刘凯利, 陈秋华, 等, 2014. 区域气象干旱特征多变量 Copula 分析——以阿克苏河流域为例[J]. 地理科学,
34(12): 1480-1487.

张云鹏, 孙燕, 王小丽, 等, 2012. 不同尺度下的土地利用变化驱动力研究——以常州市新北区为例[J]. 水土保持研究, 19(6): 111-116.

张智韬, 李援农, 陈俊英, 等, 2010. 基于3S技术和蚁群算法的灌区渠系优化配水[J]. 西北农林科技大学学报(自然科学版), 38(7): 221-226.

赵永刚, 2011. 石羊河流域农业需水量预测及水资源优化配置研究[D]. 杨凌: 西北农林科技大学.

朱成涛, 2006. 区域多目标水资源优化配置研究[D]. 南京: 河海大学.

Antle J M, Capallo S M, 1991. Physical and economic model integration for measurement of environmental impacts of agriculture chemical use [J]. J Agric Resour Econ, 20(3): 62-68.

Arnold J G, Allen P M, 1999. Automated methods for estimating baseflow and ground water rechange from stream flow [J]. Journal of the American Water Resources Association, 35(2): 411-424.

Bayer M B, 1997. A modeling method for evaluating water quality policies in Non-River system [J]. Water Resources Bulletin, 33(6): 1141-1151.

Dai E, Wu S, Shi W, et al., 2005. Modeling change pattern value dynamics on land use: an integrated GIS and artificial neural networks approach [J]. Environmental Management, 36(4): 576-591.

Dutta S C, Carter R C, 1995. A linear progrmnming approach to optimize farm irrigation demand: some case studies in Eastern England [J]. Economic Affairs Calcutta, 40(3): 135-145.

Haimes Y Y, Hall W A, Fredlnalld H T, 1975. Multiobjective optimization in water resource system: the surrogate worth trade off method [J]. Water Resoures Researeh, 10(4): 615-624.

Hossein D, 2002. Water resources development in the Lower Senegal River Basin [J]. Water Resources Development, 18(2): 55-57.

Kiniry J R, MacDonald J D, Kemanian A R, et al., 2008. Plant growth simulation for landscape-scale hydrological modelling [J]. Hydrological Sciences Journal, 53(5): 1030-1042.

Li Z, Chen Y N, Yang J, et al., 2014. Potential evapotranspiration and its attribution over the past 50 years in the arid region of Northwest China [J]. Hydrological Processes, 28(3): 1025-1031.

Maass A, Maynard M, Hufschmidt, et al., 1962. Design of Water Resource Systems [M]. Harvard: Harvard University Press.

Pijanowski B C, Brown D G, Shellito B A, et al., 2002. Using neural networks and GIS to forecast land use changes: a land transformation model [J]. Computers Environment & Urban Systems, 26(6): 553-575.

Rosa D J, 1990. A linear dynamic programming approach to modeling the effects of producer interaction on optimal groundwater use in the Southern High Plains of Texas [J]. Humanities and Social Sciences, 50(7): 21-72.

Ryu J H, Lee J H, Jeong S, et al., 2011. The impacts of climate change on local hydrology and low flow frequency in the Geum River Basin, Korea [J]. Hydrological Processes, 25(2): 3437-3447.

Santhi C, Srinivasan R, Arnold J G, et al., 2006. A modeling approach to evaluate the impacts of water quality management plans implemented in a watershed in Texas [J]. Environmental Modeling and Software, 21(8): 1141-1157.

Srinivasan R, Arnold J G, Jones C A, 1998. Hydrologic modeling of the United States with the soil and water assessment tool [J]. Water Resources Development, 4(3): 315-325.

Stonefelt M D, Fontaine T A, Hotchkiss R H, 2000. Impacts of climate change on water yield in the Upper Wind river basin [J]. Journal of the American Water Recources Association, 36(2): 321-336.

Tennnat D L, 1976. Inestream flow regimes for fish wildlief, recreation and related environmental resources [J]. Fisheries, 1(4): 6-10.

Tripathi M P, Raghuwanshi N S, Rao G P, 2006. Effect of watershed subdivision on simulation of water balance components [J]. Hydrological Processes, 20(5): 1137-1156.

Weber A, Fohrer N, Moller D, 2001. Long-term land use change in a mesoscale watershed due to socio-economic factors effects on landscape structures and functions [J]. Ecological Modeling, 140(1-2): 125-140.

Williams J R, Arnold J G, 1997. A system of erosion-sediment yield models [J]. Soil Technology, 11(1): 43-55.